일본 신도시 건설 50년의 교훈과 시사점

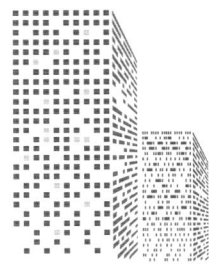

신도시의 미래

이홍장 · 배동학 · 최현일 지음

1기·2기 신도시의
현재와 미래가치

신도시의 미래

초판 1쇄 발행 2017년 11월 27일

지은이	이홍장 · 배동학 · 최현일
펴낸곳	도서출판 은서원
펴낸이	이병호
주소	04554 서울시 중구 수표로 2길 7(충무로 3가) 강남빌딩 3층 **전화** 02-2275-7411 **팩스** 02-2274-7415 **이메일** chi9602@naver.com
홈페이지	도서출판 은서원 eunseowon.modoo.at
등록번호	제301-2009-036호
정가	16,000원
ISBN	978-89-962652-8-3 03320

머리말

　입주 50년이 지난 일본의 신도시들은 입주민의 고령화와 건물의 노후화로 큰 사회문제가 되고 있다. 뿐만 아니라 자족성이 부족한 베드타운 신도시를 양산한 결과 젊은 인구의 도심회귀로 신도시가 활력을 잃어가고 있다. 입주 25년을 지나 30년을 바라보고 있는 우리나라 1기 신도시들은 일본의 신도시에서 나타나 문제들이 나타나지 않을까 우려되고 있다. 일본의 경우 입주 30년이 지나면서 신도시 문제가 시작된 것으로 미루어 짐작하건데 우리나라 신도시들도 2025년을 전후하여 신도시 문제가 본격화 될 것으로 예상된다.

　분당, 평촌, 일산, 산본, 중동 등 수도권 1기 신도시 5곳에 약 30만 가구, 120만 명이 살고 있다. 또한 동탄1, 동탄2, 판교, 광교, 한강, 운정, 옥정, 위례, 고덕, 검단 등 수도권 2기 신도시 10곳에는 약 60만 가구에 170만 명이 거주할 것으로 예상되고 있다. 수도권 1기와 2기 신도시를 합해서 15개 신도시에 약 90만 가구, 약 300만 명이 거주할 것으로 예상된다. 2015년 인구주택총조사 결과 우리나라에 전체인구 5,107만 명 중 49.5%인 2,527만 명이 수도권에 거주하고 있다. 수도권 1기 · 2기 신도시에 300만 명이 거주하고 있다는 것은 수도권 인구의 10% 이상 차지하는 비율이다.

　현재 수도권에는 1기 · 2기 신도시뿐만 아니라 인천지역에는 송도신도시, 청라신도시, 영종신도시 등이 있다. 또한 신도보다

PREFACE

규모가 작은 삼송지구, 마곡지구, 별내지구, 갈매지구, 다산지구, 미사지구 등 많은 택지개발지구와 보금자리주택단지, 국민임대주택단지 등이 있다. 수도권 1기·2기 신도시 외에 인천지역 신도시, 수도권 택지개발지구 등을 포함한다면 계획도시에 거주하고 있는 인구는 수도권 인구의 1/3 이상이 될 것으로 추정되고 있다. 수도권 신도시뿐만 아니라 지방에는 세종시, 혁신도시, 계룡신도시, 아산신도시 등이 있고, 과거 산업화시대에 건설된 창원시, 안산시, 구미시, 광양시, 동해시 등을 합하면 우리나라 신도시에 거주하고 인구는 헤아릴 수 없을 정도로 많다. 이처럼 우리나라에서 신도시가 거주하는 인구가 많고, 신도시가 부동산 시장에 미치는 영향이 큼에도 불구하고 신도시에 관한 연구는 제대로 이루어지지 않고 있다.

우리나라 수도권 신도시들은 부족한 주택을 대량으로 공급하기 위한 베드타운으로 건설되어 향후 일본에서 나타나고 있는 문제들이 그대로 재현될 가능성이 높아지고 있다. 뿐만 아니라 신도시는 수도권 주택시장에도 큰 영향을 미치고 있어 신도시에 대한 관심과 연구가 필요하다. 특히, 15개 수도권 1기·2기 신도시는 입지에 따라 투자가치가 다르고, 주택시장에 미치는 영향이나 달라 체계적인 분석이 필요하다.

본 저서는 총 6장으로 구성되었다. 1장에서는 신도시 위기인가 기회인가라는 제목으로 일본의 신도시처럼 될 것인가, 공급과

잉과 신도시 위기, 1기·2기 신도시 승자는?, 1기·2기 신도시의 경쟁력과 위협요인, 우리나라 신도시 자족성 보완해야 등을 내용으로 담았다.

2장에서는 1기·2기 신도시 어디가 좋을까라는 제목으로 1기 신도시는 왜 건설되었나, 1기 신도시 경쟁력, 2기 신도시 경쟁력, 1·2기 신도시 장단점과 경쟁력 등을 내용으로 담았다.

3장에서는 인천 신도시와 수도권 택지지구라는 제목으로 인천 경제자유구역 신도시 3총사, 최근 수도권 택지지구, 인천신도시와 수도권 택지지구 경쟁력 등을 내용으로 담았다.

4장에서는 외국의 신도시가 주는 시사점이라는 제목으로 일본의 신도시개발, 일본 신도시에서 나타난 문제들, 일본은 신도시 건설보다 도시재생으로 전환, 문재인 정부 도시재생 뉴딜사업 방향, 해외 신도시 개발의 시사점 등을 내용으로 담았다.

5장에서는 문재인 정부 부동산정책과 신도시라는 제목으로 8·2대책의 문제점과 보완할 점, 10·24 가계부채 종합대책, 투기를 잡기 어려운 이유들, 도시재생 뉴딜사업의 문제점, 문재인 정부의 공급정책과 신도시 등을 내용으로 담았다.

6장에서는 신도시의 시장성과 미래전망이라는 제목으로 일본처럼 집값이 반 토막 날까?, 아파트 공급과잉인가?, 2017년 신도시 주택시장, 신도시는 인근 주택시장에 어떤 영향을 미칠까?,

PREFACE

미래의 우리나라 신도시 문제 등을 내용으로 담았다.

  수도권 주택 부족문제를 해결하기 위해 대도시 주변에 베드타운형 위성도시를 건설한 것은 일본과 한국 모두 공통된 현상이다. 그러나 일본의 경우 1960~80년대에 집중 건설되어 입주 50년을 넘긴데 비해, 한국의 경우 1990~2010년대에 집중 건설되어 약 30년의 시차가 있다. 30년간의 시차에도 불구하고 일본에서 나타난 신도시문제는 그대로 우리나라에 나타날 것이다. 물론 2000년대 이후 건설된 2기 신도시들은 자족성을 높이기 위해 업무기능을 보강하는 등 많은 노력을 하였지만 대부분 베드타운형 신도시라 보면 될 것이다.

  일본 신도시의 모습은 한국 신도시의 미래이다. 일본보다 한국이 더 걱정되는 이유는 고령화나 인구감소 속도가 훨씬 빠르기 때문이다. 일본 신도시가 10~40년에 걸쳐 건설되었는데 비해, 한국의 신도시들은 5~7년 만에 건설되었다. 이는 수십 년간 다양한 연령층이 입주한 일본과 달리 한국은 비슷한 세대가 동시에 입주했기 때문에 입주민 고령화가 더욱 심각해질 수 있다. 정부는 일본에서 나타나고 있는 고령화 문제와 건물과 시설의 노후화 문제에 대한 대비책을 미리 세워야 할 것이다. 특히, 일자리가 없어 신도시를 떠나는 젊은이들을 머무르게 하기 위해 자족기능을 지속적으로 보완해 주어야 한다.

　본 저서는 우리나라보다 산업화와 도시화 및 신도시 건설이 앞서 진행된 일본 신도시 문제를 바탕으로 우리나라 신도시 문제점과 발전방향을 제시하였다. 특히, 수도권 1기·2기 신도시의 장단점과 경쟁력 및 호재를 바탕으로 투자성을 전망하였다. 또한 인천지역 신도시와 최근 개발된 수도권 택지개발지구의 가치와 투자성에 대해서도 장단점을 비교해 보고 투자성과 미래가치를 전망하였다. 일본에서 나타난 신도시문제는 시차를 두고 우리나라에도 그대로 나타날 것이다. 우리나라와 일본 신도시의 공통점과 차이점 등을 꼼꼼히 따져보고 미래가치를 바탕으로 신도시에 투자하는 자세가 필요하다. 본 저서를 통해 신도시에 내 집 마련을 하거나 투자하려는 독자들에게 미래가치가 뛰어난 신도시를 선택하는데 좋은 길잡이가 되기를 바란다.

이홍장 · 배동학 · 최현일

목차

1장 • 신도시 위기인가 기회인가?

1. 일본의 신도시처럼 될 것인가? ·················· 14
2. 공급과잉과 신도시 위기 ·························· 19
3. 8·2대책 수혜자 1기 신도시 ······················ 23
4. 1기·2기 신도시 승자는? ························ 26
5. 1기 신도시의 경쟁력과 위협요인 ················ 29
6. 2기 신도시의 경쟁력과 위협요인 ················ 44
7. 신도시는 어떤 목적으로 건설되나? ·············· 48
8. 우리나라 신도시 개발의 역사 ···················· 52
9. 우리나라 신도시 자족성 보완해야 ··············· 56

2장 • 1기·2기 신도시 어디가 좋을까?

1. 1기 신도시는 왜 건설되었나? ···················· 63
2. 1기 신도시 경쟁력 ································ 66
3. 2기 신도시는 왜 건설되었나? ···················· 80
4. 2기 신도시 경쟁력 ································ 84
5. 2기 신도시 일부지역 마이너스 프리미엄 ········ 109
6. 1·2기 신도시 장단점과 경쟁력 ·················· 112

3장 • 인천 신도시와 수도권 택지지구 경쟁력

1. 인천 신도시 3총사 ································· 123
2. 송도신도시 ······································· 126
3. 영종신도시 ······································· 131
4. 청라신도시 ······································· 135
5. 다산지구 ··· 139
6. 별내지구 ··· 142
7. 마곡지구 ··· 145
8. 삼송지구 ··· 150
9. 미사지구 ··· 153
10. 인천 신도시 및 수도권 택지지구 경쟁력 ············ 156

4장 • 외국의 신도시가 주는 시사점

1. 일본의 신도시 개발 ······························· 163
2. 일본의 신도시에서 나타난 문제들 ·················· 167
3. 일본은 신도시 건설보다 도시재생으로 전환 ········· 172
4. 문재인 정부 도시재생 뉴딜사업의 방향 ············· 191
5. 유럽과 미국의 신도시 ····························· 195
6. 해외 신도시 건설의 시사점 ························ 200

5장 • 문재인정부 부동산정책과 신도시

1. 8·2대책의 배경과 방향 ·· 205
2. 8·2대책 핵심은 주택시장 안정화 ································ 210
3. 실수요 중심의 주택수요 관리 ······································ 214
4. 청약제도 개편 ··· 218
5. 오피스텔 분양 및 관리 개선 ·· 221
6. 8·2대책의 문제점과 보완할 점 ··································· 224
7. 10·24 가계부채 종합대책 ··· 227
8. 투기를 잡기 어려운 이유들 ··· 230
9. 도시재생 뉴딜사업의 문제점 ······································· 233
10. 문재인 정부의 공급정책과 신도시 ······························ 236

6장 • 신도시의 시장성과 미래전망

1. 일본처럼 집값이 반토막 날까? ··································· 247
2. 아파트는 공급과잉인가? ··· 252
3. 2017년 신도시 주택시장 ·· 256
4. 신도시는 인근 주택시장에 어떤 영향을 미칠까? ········ 260
5. 신규택지 공급 중단으로 신도시 희소가치 증가 ·········· 264
6. 정책규제가 신도시와 부동산시장에 미치는 영향 ········ 266
7. 미래의 신도시 문제 ·· 270

참고문헌 ··· 277

1장

신도시 위기인가 기회인가?

1. 일본의 신도시처럼 될 것인가? ········· 14
2. 공급과잉과 신도시 위기 ··············· 19
3. 8·2대책 수혜자 1기 신도시 ············ 23
4. 1기·2기 신도시 승자는? ·············· 26
5. 1기 신도시의 경쟁력과 위협요인 ········ 29
6. 2기 신도시의 경쟁력과 위협요인 ········ 44
7. 신도시는 어떤 목적으로 건설되나? ······ 48
8. 우리나라 신도시 개발의 역사 ·········· 52
9. 우리나라 신도시 자족성 보완해야 ······· 56

분당·평촌·일산·산본·중동 등 수도권 1기 신도시 5곳에 약 30만 가구에 120만 명이 살고 있다. 또한 동탄1·판교·광교·한강·운정·옥정·위례·고덕·검단·동탄2 등 수도권 2기 신도시 10곳에 약 60만 가구에 170만 명이 거주하고 있는 것으로 추정되고 있다.

수도권 1기와 2기 신도시를 합해서 15개 신도시에 약 90만 가구, 약 300만 명이 거주하고 있는 것으로 예상되고 있다. 2015년 인구주택총조사 결과 수도권 인구 2,527만 명인 것을 감안할 때 1기·2기 신도시 인구 300만 명은 수도권 인구의 10% 이상을 차지하는 비율이다. 복잡한 도심을 벗어나 쾌적하고, 편의시설이 잘 갖추어진 신도시에 대한 인기는 당분간 계속될 것이다. 그러나 일본의 신도시들이 입주민의 고령화와 건물 노후화 등으로 큰 사회문제에 직면해 있는 것을 볼 때 우리나라 신도시들도 장기적 관점에서 대비책을 찾아야 할 것이다.

1
일본의 신도시처럼 될 것인가?

우리보다 도시화가 앞선 일본은 1960~80년대에 걸쳐 신도가 집중적으로 건설되었다. 일본도 우리나라와 마찬가지로 대도시 주택문제를 해결하기 위해 대도시 인근에 신도시를 건설하였다. 일본의 경우 신도시 입주 40~50년이 지나면서 주민들의 고령화와 건물의 노후화로 골머리를 앓고 있다.

일본의 대표적인 동경 인근 다마신도시와 오사카 인근 천리신도시는 젊은층의 도심회귀로 신도시가 아닌 낡은 도시가 되고 있다. 일본에서는 신도시를 '뉴타운'이라고 부르고 있는데, 이제 뉴타운이 아닌 '올드타운'이라는 비웃음을 사고 있다. 일본의 신도시는 1960~80년대에 걸쳐 정착한 신혼부부들이 시간이 지나면서 성장한 자녀들이 학업 또는 일자리를 찾아 떠나며 나이든 노부부만 남게 되어 고령화 문제가 심각해지고 있다. 이와 더불어 입주 40~50년이 지나면서 건축물과 기반시설의 노후화가 최대의 고민거리가 되고 있다.

현재 일본의 신도시가 안고 있는 입주민의 고령화 문제와 건물 및 기반시설 노후화 문제는 개발계획을 세울 때부터 예견된 문제로 봐야 한다. 일자리가 많은 자족도시로 만들었다면 젊은 층이 신도시를 떠나는 문제는 일어나지 않았을 것이다. 또한 자족성 있는 신도시로 건설했다면 건물과 시설물이 필요할 때 리모델링되어 급속히 슬럼화되지는 않았을 것이다. 대도시 인근에 부족한 주택을 대량으로 공급하기 위해 침상형 베드타운으로 건설하다 보니 도시의 경쟁력이 떨어지고, 일자리를 찾아 젊은이들이 떠나는 사태가 발생하고 있는 것이다. 일본 신도시 문제들은 향후 10~20년 후에는 우리나라 신도시 문제로 그대로 나타날 것이다. 특히, 1기 신도시들은 건설된 지 30여년을 향해 가고 있어 노후화를 걱정해야 하는 시기가 되고 있다.

일본의 신도시

구 분	천리 뉴타운 (千里)	다마 뉴타운 (多摩)	치바 뉴타운 (千葉)	고죠우지 뉴타운 (高蔵寺)	고우후쿠 뉴타운 (港北)
개발면적	1,160ha	2,984ha	1,933ha	702ha	1,341ha
계획인구	15만명	30만명	19만 4천명	8만 1천명	22만명
위치	오사카부	동경도	치바현	아이치현	요코하마시
사업기간	1960~1969	1966~2000	1969~2004	1965~1981	1974~2006
입주시기	1962	1971	1979	1968	1981
도심과의 직거리	12km	30km	30km	17km	25km
도심과의 통근시간	19분	50분	55분	30분	56분
철도노선	-北大阪 急行鐵道 -大阪모 노레일 -阪急· 千里線	-京王· 多摩線 -小田急· 相模原線 -모노레일	北總開發 鐵道	JR중앙선	요코하마지 하철 3호선

낡은 신도시 재생방안으로 재건축이나 리모델링 같은 수단이 있기는 하지만 재건축 시점에서 수익성이 떨어진다면 사업추진 자체가 힘들어 진다. 또한 인구감소와 고령화도 1기 신도시의 리스크가 될 수 있다. 일본 신도시 사례에서 볼 수 있듯이 젊은 층이 학업과 직장을 찾아 도심으로 회귀하거나 다른 도시로 떠나게 되면 노인들만 남는 올드도시가 될 수 있어 대비책을 찾아야 한다. 신도시 인근에 첨단산업단지 또는 연구단지 등을 만들어 일자리를 많이 만들어 주는 방법밖에 해결책이 없다.

한편, 1990년대 일본 버블붕괴의 공포를 알고 있는 투자자라면 염려되는 것이 우리나라에서 일어날지 모르는 버블붕괴에 대한 걱정일 것이다. 버블붕괴 대한 공포로 집을 사야할지, 팔아야할지 고민하는 사람들이 많아지고 있다. 우리나라의 버블은 1990년대 일본이 겪었던 상황과 유사점도 있지만 차이점도 많다. 먼저, 한국과 일본 두 나라의 유사점으로는 저금리, 가계대출 급증, 부동산에 대한 과잉대출 등이다. 일본의 경우 1985년 프라자 합의에 따른 엔고로 저금리가 지속되었으며, 전후 최장의 호황기가 지속되었다. 이에 동반하여 가계대출과 부동산 불패신화로 부동산 과잉대출이 급증하였다. 그러나 부동산버블에 대한 차이점도 많다.

첫째, 투자대상에 차이가 있다. 일본의 투자대상은 동경 상업용 토지가 투자의 대상이었는데 비해, 우리나라의 경우 아파트가 투자의 대상이다. 아파트는 버블붕괴 시 토지보다는 폭락의 피해를 줄일 수 있다.

둘째, 투자주체에 차이가 있다. 일본의 투자주체는 기업 또는 법인인 반면, 한국은 개인이다. 1990년대 일본은 저금리 기조와 부동산 불패신화에 힘입은 기업들이 대출을 받아 부동산을 사들여 시세차익을 얻는 형태였다. 이에 반해 우리나라는 개인들이 아파트에 투자하는 형태가 일반적이다. 리스크 발생 시 기업들은 도산을 피하기 위해 부동산을 곧바로 처분하지만, 개인들은 손해를 최소화하기 위해 최대한 버티기 때문에 폭락의 여파가 적다.

셋째, 담보대출비율에 차이가 있다. 1990년대 일본의 담보대출 비율은 100~120%였지만, 우리나라는 50~60% 수준이다. 당시 일본은 부동산은 무조건 오른다는 심리가 팽배해 금융권에서도 담보대출 비율을 100~120%까지 잡아 주었다. 그러나 우리나라는 담보대출비율을 50~60% 정도로 규제를 하고 있다. 최근 8·2대책과 10·24대책 등을 통해 30~40%로 대출규제를 더욱 강화하고 있다. 만약 우리나라에서 버블붕괴가 온다 하더라도 일본처럼 주택가격 이반 토막이 나는 최악의 상황은 벌어지지 않을 것이다.

넷째, 주택보급률에 차이가 있다. 당시 일본의 주택보급률은 110%였지만, 우리나라의 주택보급률은 103% 정도이다. 서울의 경우 아직도 96%대에 머물고 있어, 수도권은 주택이 여전히 부족하다.

다섯째, 폭락경험의 차이이다. 일본의 경우 부동산 불패신화의 지속으로 폭락경험 전혀 없었던데 비해, 우리나라는 1997년 외환위기, 2007년 국제금융위기라는 두 번의 폭락을 경험하였다. 2번의 폭락경험으로 내성이 붙어 일본 같은 대폭락은 없을 것이다.

버블붕괴는 예측이 불가능하고, 어느 시점에서 일어날지 사전에 예측하는 시스템은 없다. 우리나라의 경우 부동산에 버블이 끼여 있는 것은 사실이지만, 그렇다고 반드시 붕괴된다는 법도 없다. 또한 버블이 붕괴되더라도 일본처럼 주택가격이 50%, 상가가격이 70% 폭락할 것인지, 아니면 10~20% 하락에 그칠지는 구분해서 생각해야 한다. 투자대상, 투자주체, 담보대출비율, 주택보급률, 폭락경험 등의 차이점에서 볼 때 특별한 변수가 발생하지 않는 한 일본처럼 폭락하는 일은 없을 것이다.

한국과 일본 부동산 버블의 유사점과 차이점

구 분		일본	한국
유사점	금융정책	저금리	저금리
	금융	가계대출 급증	가계대출 급증
	부동산	과잉대출	과잉대출
차이점	투자부동산	동경 상업용 토지	아파트
	투자주체	기업, 법인	개인
	담보대출비율	시가의 100~120%	시가의 50~60%
	주택보급률	110%	103%
	폭락경험	폭락경험 없었음	-1997년 외환위기, -2008년 국제금융위기

2
공급과잉과 신도시 위기

최근 아파트에 대한 공급과잉 논란이 지속되고 있다. 공급과잉 문제는 아파트 비율이 높은 신도시의 입장에서는 민감한 이슈가 될 수 있다. 공급과잉으로 아파트 가격이 하락하게 되면 서울시내에 있는 아파트보다 도심에서 멀리 떨어져 있는 신도시 아파트부터 영향을 받기 때문이다.

공급과잉 논란의 핵심은 2016~2018년 3년간 주택공급이 과잉된다는 것이다. 즉, 전국적으로 2016년 완공된 51만 가구를 비롯해 2017~2018년 116만 가구가 입즈하여 2016~2018년 사이에 공급이 수요를 초과한다는 것이다.

2016~2018년 3년간 총 167만 가구가 공급되는데, 이는 연평균 56만 가구로 2005~2015년 연평균 38만 가구의 1.5배에 해당하는 물량이라는 것이다. 이 물량을 정부의 2016~ 2018년 주택종합계획에 의한 추정수요 116만 가구보다 51만 가구가 더 많고, 최대 수요 추정치인 133만 가구보다 34만 가구가 더 많은 물량이다.

지역별로 과잉 정도가 차이가 나는데 동남권, 대경권, 충청권이 심하다. 이들 지역의 공급과잉은 2년치 수요량 이상이다. 그러나 수도권 연평균 수요는 21만~25만 가구인데 비해, 공급과잉 물량은 8만~17만 가구로 나타나 수요와 공급이 균형을 이루는 것으로 분석되었다.

정부가 2012년을 기준으로 주택계획을 세웠기 때문에 2016~2018년 수급을 따질 때 2013~2015년도 함께 분석해야 한다. 2013~2015년에는 전국적으로 필요한 수요가 119만~136만 가구였고, 실제 128만 가구가 입주했다. 권역별로 수도권 공급이 수요에 못 미쳤다. 65만~75만 가구가 필요한데 56만 가구가 공급되어 최대 수요로 보면 19만 가구가 부족했다.

결론적으로 2013~2018년 6년간 정부가 예상한 수요는 236만~269만 가구이며, 입주물량은 314만 가구로 44만~78만 가구가 공급과잉이다. 평균수요를 기준으로 최대 2년치 물량이 남는다는 계산이 나온다. 주택수급으로 봤을 때 공급과잉이 심할 것으로 예상되는 지방의 집값이 더 큰 타격을 받을 것으로 전망된다.

영남지역은 많게는 한해 수요의 3배 정도가 공급과잉으로 사정이 나빠질 것으로 분석된다. 수도권은 2013~2015년 공급부족이 2016~2018년 공급과잉으로 상쇄돼 2만~21만 가구가 수요보다 많다. 아파트를 기준으로 수도권에서 2016~2018년 연평균 입주물량이 2013~2015년 연평균보다 75% 늘어난다. 수도권에서는 경기도가 115%나 급증하지만, 서울은 늘어나지 않는다[1].

---

1) 안장원, '2019년 서울 주택보급률 98%선에 그쳐…입주 홍수 속 공급부족 여전', 중앙일보, 2017.07.15

최근 아파트 입주물량

구분	2013년	2014	2015	2016	2017	2018
전국	235,232	277,670	284,780	320,018	379,379	440,161
수도권	95,986	103,580	103,569	139,991	170,322	218,678
지방	139,246	174,090	181,211	180,027	209,057	221,483
서울	33,607	39,325	22,573	33,566	26,505	34,345
인천	6,968	10,110	10,099	8,678	16,690	21,076
경기	55,411	54,145	70,897	97,747	127,127	163,257
부산	22,492	22,198	17,941	13,935	19,585	22,883
대구	11,582	9,311	18,098	28,224	22,679	13,641
광주	9,238	12,259	6,454	10,992	11,829	5,961
대전	5,913	11,813	5,702	6,278	6,508	6,260
울산	8,213	9,822	10,387	4,400	9,892	8,590
세종	4,288	17,899	18,133	8,436	15,432	14,002
강원	3,903	9,144	8,293	7,018	5,959	16,410
충북	6,236	13,187	10,012	10,938	12,094	23,038
충남	9,503	12,146	14,312	25,062	25,138	23,769
전북	6,869	11,480	11,279	8,150	6,193	13,250
전남	12,617	11,190	13,030	12,046	8,261	7,729
경북	10,066	9,144	18,789	19,387	24,077	25,267
경남	22,092	22,838	24,870	20,619	38,565	40,146
제주	6,234	1,659	3,911	4,542	2,845	537

출처 : 안장원, '2019년 서울 주택보급률 98%선에 그쳐…입주 홍수 속 공급부족 여전', 중앙일보, 2017.07.15

요약하면 지방은 공급과잉이 심해지지만 수도권은 큰 영향을 받지 않을 것이다. 수도권은 2013~2015년 공급부족이 2016~2018년 공급과잉으로 상쇄돼 2만~21만 가구가 수요보다 많아져 수급상황에는 큰 변화가 없을 것이다. 다만, 아파트의 경우 수도권에서 2016~2018년 연평균 입주물량이 2013~2015년 연평균보다 75% 늘어나고, 경기도는 115%나 급증하지만 서울은 늘어나지 않는 점을 주의 깊게 봐야 한다. 주택보급률이 100%가 되지 않는 서울지역은 주택부족문제가 지속되고 가격도 상승할 여지가 있다. 반대로 경기도 지역의 경우 공급과잉으로 매매가격과 전세가격이 하락하는 현상이 생길 수 있다. 특히, 현재 입주가 진행 중인 경기도 지역 일부 2기 신도시는 공급과잉 여파로 세입자를 구하기 어려워 입주시점을 전후하여 단기간 전세가격과 매매가격이 하락하는 현상이 나타날 수 있다. 특히, 강남과 광화문에서 멀리 떨어진 화성2동탄, 운정, 옥정, 검단 등 입지가 좋지 않은 2기 신도시는 당분간 매매가격과 전세가격이 동반 하락하여 고전할 것으로 보인다. 그러나 신도시는 계획도시이면서 도시기반시설이 잘 갖추어져 있어 시간이 지나면 시세를 회복할 것이다.

3
8·2대책 수혜자 1기 신도시

    8·2대책으로 투기과열지구로 묶인 서울지역은 대출을 통해 집을 사는 것이 어렵게 되자 서울과 인접한 신도시가 수혜지역으로 떠오르고 있다. 그 중에서도 서울과 지리적으로 가깝고 인프라가 풍부한 1기 신도시인 분당과 평촌이 관심을 받았다. 그동안 낡은 신도시로 인식되어 인기가 떨어졌던 1기 신도시는 8·2대책에 대한 풍선효과로 최대 수혜지역으로 부상하였다. 8·2대책으로 25개 자치구 전역이 투기과열지구로 묶인 서울에서는 대출 한도가 60%에서 40%까지 줄면서 실수요자도 내 집 마련하기가 어려워졌다. 정부는 무주택 실수요자에 한해 대출 한도를 50%까지 완화해주었지만 집값이 비싼 서울에서 50% 대출을 통해 집을 사기란 쉽지 않다. 여기서 정부가 말하는 실수요자는 무주택자이면서 부부 합산소득이 7000만 원 이하, 생애최초의 경우 8000만 원 이하로 구매하려는 주택가격이 6억 원 이하인 경우이다.

    아파트 가격을 순서대로 나열했을 때 가운데에 위치한 가격을 중위가격이라 한다. 2017년 6월 기준 서울 아파트의 중위가격은 이미 6억 2888만 원으로 정부가 실수요자 기준으로 제시한 주택가격 6억 원 이하는 현실에 맞지 않는다. 뿐만 아니라 투기과열지구 내에서 분양하는 전용면적 85㎡ 이하 중소형 아파트는 청약가점제 적용 비율이 100%로 확대되어 청약을 통해 서울에서 내 집 마련하기도 쉽지 않게 되었다. 상대적으로 무주택 기간이 짧고 부양가족 수가 적은 30~40세대 실수요자들은 청약가점을 통해 분양받기가 더욱 어려워졌다. 서울에서 내 집 마련이 어려워지자 서울과 가깝고 기반시설도 잘 갖춰지고, 규제에서 벗어나 있는 수도권 1기 신도시로 관심이 쏠리고 있다. 특히, 1기 신도시들은 서울 도심에서 20km 전후에 자리하고 있어 30km 이상 떨어진 2기 신도시에 비해 입지적으로 유리하다.

  1기 신도시 가운데서도 가장 인기를 끌고 있는 곳은 분당신도시이다. 분당신도시는 강남 접근성이 좋고, 2022년 GTX 성남역 개통 호재와 재건축과 리모델링 등으로 향후 시세차익까지 기대할 수 있다. 분당신도시의 이매동 선경아파트 전용 83㎡형은 8·2대책 이전 7억 5000만 원에 거래되었던 것이 8·2대책 1개월 후 5000만 원 오르며 8억 원을 호가하였다. 또한 평촌신도시에 있는 비산동 샛별한양6차 전용 49㎡형은 8·2대책 이전 2억 9500만 원에 거래되었던 것이, 8·2대책 1개월 후 2,700만 원 오른 3억 2000만 원을 호가하였다. 평촌신도시의 경우 매매가격이 높지 않아 전세를 끼면 1억 원 안팎으로 주택을 살 수 있는 지역에서 재건축 연한이 다가오는 소형아파트를 중심으로 수요가 꾸준히 몰리고 있다. 평촌신도시는 학군이 좋고 생활편의시설도 잘 갖춰져 있어 강남권에 직장을 둔 젊은 세대들이 실거주 목적으로 매입 문의가 많다[2].

이처럼 1기 신도시들이 관심을 받고 있는 이유는 8·2대책에 따른 풍선효과 때문이다. 서울지역 전체를 투기과열지구로 지정하고, 서울 11개구가 투기지역으로 지정되면서 상대적으로 규제가 덜한 경기도와 인천으로 투자수요가 몰려들었기 때문이다. 특히 강남과 가깝고 투자매력이 있는 1기 신도시로 관심이 몰리고 있다. 급기야 정부는 8·2대책 후속조치로 9월 5일 경기도 성남시 분당구와 대구광역시 수성구를 투기과열지구로 추가로 지정하였다.

성남 분당구의 8월 월간 주택가격 상승률은 2.10%, 대구 수성구는 1.41%를 보여 시장 과열 흐름이 감지되어 추가로 지정하였다. 투기과열지구로 지정된 성남 분당구는 1기 분당신도시가 입지한 행정구역이다. 뿐만 아니라 인천 연수구·부평구, 경기도 안양시 만안구·동안구, 경기도 성남시 수정구·중원구, 경기도 고양시 일산동구·서구, 부산(조정대상지역 7개구·군, 서구) 등을 집중 모니터링 지역으로 지정하였다. 이들 지역의 주택 매매가격, 분양권 거래동향, 청약상황 등을 상시 모니터링한 뒤 시장과열 우려가 크다고 판단되면 투기과열지구로 추가 지정할 예정이다. 인천 연수구는 송도신도시, 안양시 만안구·동안구는 평촌신도시, 고양시 일산동구·서구는 일산신도시가 속해 있는 행정구역이라는 점에서 8·2대책이 수도권 신도시로 풍선효과를 불어 일으킨 것은 분명해 보인다.

---

2) 원다연, '서울 집값 누르니…분당·평촌이 '꿈틀', 디데일리, 2017.08.24

4
1기·2기 신도시 승자는?

1980년대 중반 저유가, 저환율, 저금리 등 3저 현상과 올림픽 특수효과로 부동산 가격은 미친 듯이 뛰었다. 1987년부터 1989년까지 3년간 집과 땅값은 매년 20~40%씩 상승했다.

집값 폭등으로 서민들의 불만이 높아지자 당시 노태우 정부는 1989년 4월 분당·평촌·일산·산본·중동 등 1기 신도시 건설계획을 발표하게 된다. 1기 신도시는 1990년부터 개발이 시작되어 1991년부터 입주가 시작되어 어느덧 30년이 되어 간다. 1기 신도시는 주택부족 시대에 대량공급을 통해 주택시장 안정에 기여했다는 긍정적 평가를 받아 왔으나, 입주민의 고령화와 건물의 노후화를 걱정해야 할 시기가 다가오고 있다.

1997년 외환위기 이후 주택가격 하락으로 신도시건설을 중단했던 정부는 공급부족으로 주택가격이 다시 상승하기 시작하자 2기 신도시 건설을 추진하게 된다.

2003년 화성 동탄1신도시 건설을 시작으로 성남 판교, 수원 광교, 김포 한강, 파주 운정, 양주 옥정, 송파 위례, 평택 고덕, 인천 검단, 화성 동탄2신도시가 건설되었다. 2기 신도시들은 강남권과 인접한 곳은 인기가 높았지만, 강남권과 멀리 떨어져 입지가 좋지 않은 곳은 미분양으로 고전하는 등 양극화를 보였다.

특히, 2007년 써브프라임사태로 촉발된 국제금융위기를 전후해서 분양된 광교, 위례 등 2기 신도시와 마곡, 삼송, 미사 등 수도권 택지개발지구는 대부분 미분양으로 고전하였다. 그러나 이들 지역은 시간이 지나면서 입지적 장점을 내세워 가격이 모두 상승하였다. 당시 필자에게 광교, 위례, 삼송, 마곡 등에 투자를 문의한 분들에게 사두면 가격이 오를 것이라 적극 추천하였다. 필자의 추천대로 이들 지역에서 아파트를 매수한 투자자들은 대부분 이익을 보았다. 부동산은 현재가치와 미래가치를 고려해서 투자해야 하고, 미래가치를 볼 수 있는 혜안이 있어야 한다.

2기 신도시 전체 가구 수는 약 60만 가구로 수도권 1기 신도시 약 30만 가구의 2배가 넘는다. 그러나 2기 신도시는 1기 신도시보다 경쟁력이 떨어진다는 평가를 받고 있다. 1기 신도시가 서울에서 20~25㎞ 떨어진 곳에 입지하지만, 2기 신도시는 30~50㎞ 떨어진 외곽에 위치해 있어 판교신도시와 위례신도시를 제외하고는 입지적으로 불리한 곳이 많았다. 입지적으로 불리하더라도 1기 신도시의 문제점으로 지적된 자족시설 보완이나 대중교통 접근성을 강화하였다면 우위를 점했을 것이다. 그러나 2기 신도시도 1기 신도시처럼 베드타운으로 건설되었다. 그나마 2기 신도시 중 판교신도시는 벤쳐단지를 입지시켰고, 동탄1신도시는 인근에 산업단지를 연계한 개발이 되어 자족성을 높였다는 평가를 받고 있다. 그러나 나머지 대부분의 2기 신도시들은 자족도시라기 보다는 베드타운 신도시로 건설된 것은 아쉬운 점이다. 자족성이 부족한 베드타운 신도시는 입주 40~50년 후에 나타나는 입주민의 고령화와 시설의 노후화에 더욱 취약한 도시가 될 수 밖에 없다.

1·2기 신도시 위치도

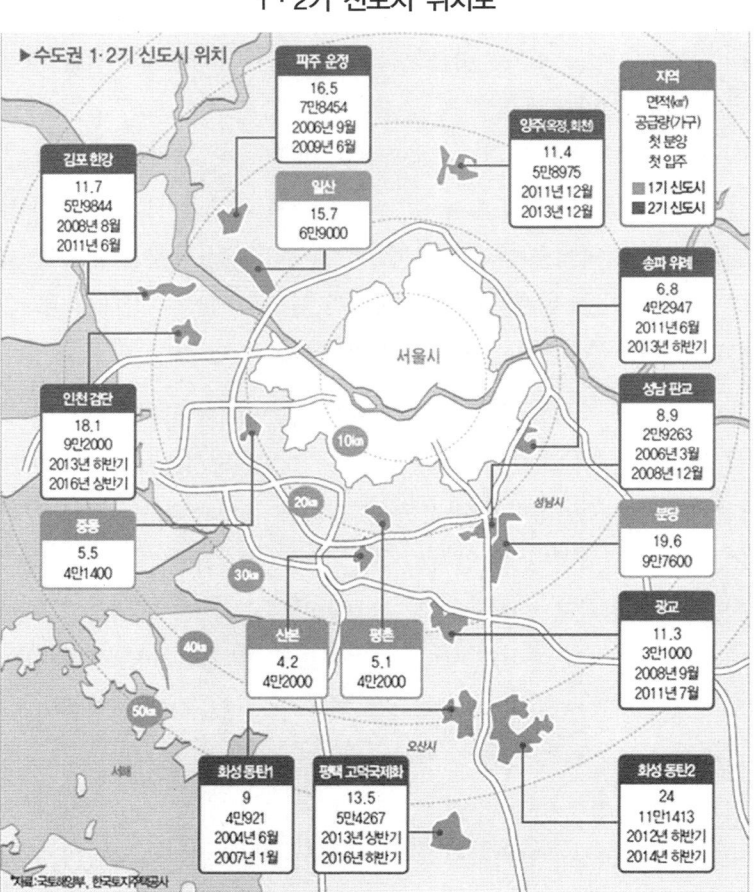

출처 : 국토부

5
1기 신도시의 경쟁력과 위협요인

1980년대 후반 서울 시내에서는 택지부족으로 대규모 주택건설이 불가능하게 되었다. 정부는 부족한 주택문제를 해결하기 위해 서울에서 20~25km 거리에 분당, 일산, 평촌, 산본, 중동 등 5개 신도시 건설을 1989년 4월 발표하게 된다. 당초 정부는 5개 신도시는 주거, 상업, 업무, 공공청사, 체육시설, 공원녹지 등 생활편익시설이 완비된 자족 신도시로 건설하겠다고 하였다. 그러나 서울의 베드타운으로 전락하고 말았다.

1기 신도시

구 분	분 당	일 산	평 촌	산 본	중 동
사업면적(km²)	19.6	15.7	5.1	4.2	5.5
수용인구(천인)	390	276	168	168	166
주택건설(천호)	97.6	69.0	42.0	42.0	41.4
개발기간	'89~'96	'90~'95	'89~'95	'89~'95	'90~'96
개발주체	토지공사	토지공사	토지공사	주택공사	부천시, 주택공사, 토지공사

출처 : 국토부

🏠 분당신도시의 경쟁력과 위협요인

분당신도시는 1기 신도시 중 가장 입지가 좋고, 인기가 많아 경쟁력이 높다. 정부는 수도권 아파트 가격이 폭등하자 주택가격 안정과 주택난 해소를 위해 1989년 4월 1기 신도시 개발안을 마련하게 된다. 주택 200만 가구 건설을 위해 분당, 일산, 평촌, 산본, 중동 등 5개 신도시 건설계획을 발표하면서 1기 신도시 건설이 시작된다. 분당신도시는 1,964만㎡(594만평) 면적에 9만 7,000가구를 공급한다는 계획을 세우고 개발을 시작하였다.

분당신도시의 분양가격은 지금과 많은 차이가 난다. 1989년 11월 분당 시범단지 아파트의 3.3㎡당 분양가는 151만 원~256만 원 사이였다. 분양면적 24평까지 151만 원, 25~33평 170만 원, 36평 이상은 186만 원, 최고 분양가는 평당 3.3㎡당 256만 원 수준이었다. 채권입찰제가 적용되는 전용면적 40.8평(분양면적 50평)을 초과하는 대형아파트의 채권상한액은 3.3㎡당 70만 원 이었다. 2017년 9월 현재 서현동 삼성 시범단지 60㎡는 5억~5억 3천만 원, 84㎡는 6억 7천~7억 원, 133㎡는 7억 6천만 원, 171㎡는 11억 5천만 원 정도로 시세가 형성되어 있다. 시범한신 아파트 133㎡는 9억 원, 시범 한양아파트 28㎡는 2억 7천만 원에 시세가 형성되어 있다. 1989년 분양당시 24평형은 3.3㎡당 151만 원 이었던 것이 2017년 현재 2800만 원 정도로 상승해 있다. 약 28년간 18배가 상승한 것이다.

분당신도시는 출범 초기부터 강남 대체 신도시로 인기를 끌었다. 1991년 시범아파트가 입주한 이후 쾌적한 환경과 좋은 교통과 교육여건 및 생활편의시설 등을 갖춰 '천당 아래 분당'이라 불릴 정도였다. 분당 주택가격도 서울 강남권 상승서와 맞물려 고공 행진 하였다. 2006년에는 2기 신도시의 대표주자인 판교신도시 개발에 힘입어 연간 20%가 넘는 매매가 상승률을 기록하기도 했다. 반대로 2008년에는 국제금융위기 영향으로 한때 11% 이상 하락하였으나, 시간이 지나면서 회복되었다.

분당신도시의 장점 중 하나는 매매가 대비 전세가격을 말하는 전세가율이 높다는 점이다. 일부 단지의 경우 전세가율이 70%를 넘는 곳도 있다. 2017년 9월 기준 분당 서현동 효자대우 전용 53m^2형은 매매가격 3억 8,000만 원, 전세가격 2억 9,000만 원으로 전세가율이 76% 수준이다. 그만큼 실수요가 탄탄하다는 것을 반증하는 것이다. 분당신도시는 다른 신도시와 달리 인근 2기 판교신도시에 첨단업무시설들이 들어서 있는 점도 장점이다. 분당신도시는 경부 축에 위치해 서울과 지방을 연결하는 입지적 장점이 있고, 강남과 인접한 배후 신도시 역할을 한다. 뿐만 아니라 신분당선과 분당선 연장선 건설이 완료되어 수도권 남부 접근성이 높아져 사통팔달의 입지를 자랑하고 있다.

그러나 분당신도시 인근에 경쟁력 있는 새로운 신도시들이 들어서고, 도시의 노후화 등이 위협요인으로 지적되고 있다. 분당신도시의 위협요인으로는 입주 25년이 지나면서 노후화가 심화되고 있는 점이다. 엘리베이터나 배관시설이 낡고, 평면구조나 단지배치 등도 새로운 신도시와 비교되고 있다. 또한 인근에 판교와 광교 등 2기 경쟁신도시가 건설되어 있다. 2009년 5월부터 판교신도시 입주가 시작되었는데, 판교 아파트 입주자 상당수는 분당 주민들이었다. 분당 아파트를 팔거나 전월세를 주고 판교로 입성하는 수요가 상당했다. 그리고 일본처럼 입주민의 고령화 문제도 걱정이다. 일본의 대표적인 다마신도시와 천리신도시는 심각한 인구 고령화 문제에 직면하고 있다. 다마신도시 계획인구는 34만여 명이지만 현재 인구는 20만 명 정도에 불과하다. 일본 젊은 층이 직장과 가까운 도심에 살고 싶어 하고, 도심에 비해 의료·쇼핑·문화 등 편의시설 이용이 불편한 점이 신도시를 떠나는 이유로 지적되고 있다[3].

일본 신도시의 문제는 향후 우리나라 신도시의 문제로 나타날 가능성이 크다. 분당신도시도 10~20년 후에는 고령화와 건물노후화 등의 문제와 함께 젊은 층의 도심회귀 현상이 발생할 우려가 크다. 분당신도시가 일본의 신도시에서 나타나고 있는 문제들을 사전에 예방하기 위해서는 지금부터라도 일자리가 창출될 수 있도록 자족성을 높여 주는 것이다. 분당신도시 인근에는 판교벤처단지가 있어 나름대로 자족기능을 살리고 있으나, 인접한 판교신도시를 감안한다면 턱 없이 부족하다.

---

3) [수도권 신도시 점검] ❶ 분당신도시…리모델링법 수혜 가장 커 싱글벙글, 매경이코노미 2012.01.11

🏠 일산신도시의 경쟁력과 위협요인

일산 신도시는 1기 신도시 중 공원이 많고 유해시설이 적어 쾌적하고 살기 좋은 전원형 신도시로 평가 받고 있다. 도시 중앙에는 정발산이 자리 잡고 있으며, 정발산역 인근에는 국내 최대 면적의 30만㎡ 호수공원이 위치해 주거 가치를 높이고 있다. 격자모양으로 정리된 도로망에다 도시구획도 잘 되어 있어 실수요자들의 반응이 좋다. 지하철 3호선과 경의선이 도시 양쪽을 지나가고 있어 다른 도시와의 접근성도 좋다. 총면적 15.7㎢, 6만 9,000여 가구의 수도권 서북부지역 대표적 신도시이다.

일산신도시 입주초기 분양가는 3.3㎡당 200만 원 수준이었다. 그러던 것이 2015년 7월 기준 3.3㎡당 매매가 1,000만 원, 전세가 700~800만 원 수준으로 형성되었다. 일산신도시 각 동마다 조금씩 차이가 있는데 장항2동은 3.3㎡당 매매가 1,135만 원, 전세가 830만 원 수준이며, 마두동은 매매가 1,091만 원, 전세가 817만 원 수준이다. 대화동은 매매가 994만 원, 전세가 713만 원 수준이며, 백석동은 매매가 965만 원, 전세가 800만 원 수준이다.

2017년 9월 현재 장항동 호수마을대우 전용면적 84㎡ 매매가 37,850만 원, 전세가 32,000만 원을 형성하고 있다. 또한 마두동 강촌마을동아 85㎡는 매매가 48,000만 원, 전세가 40,000만 원, 백석동 백송마을대우 전용면적 84㎡는 매매가 35,000만 원, 전세가 31,000만 원을 형성하고 있다. 그리고 대화동 대화마을5단지 전용면적 84㎡는 매매가 35,000만 원, 전세가 24,000만 원 수준을 형성하고 있다. 2년 전과 비교했을 때 대매가격과 전세가격이 평균 100~200만 원 상승했다는 것을 알 수 있다.

그러나 일산신도시는 인근 택지개발지구 개발에 따른 공급과잉 문제와 입지적 약점이 위협요인으로 지적되고 있다. 첫째, 일산 주변 공급량이 너무 많다는 점이다. 2010년 말부터 일산 인근 택지개발지구인 삼송지구, 원흥지구, 식사지구, 덕이지구 등 대단지 입주 물량이 쏟아지고 있다. 이들 택지지구 입주가 모두 완료되면 2011년 96만 명인 고양시 인구는 110만 명을 넘어설 것으로 전망되고 있다. 일산신도시에서 멀지 않은 곳에 2기 신도시인 운정신도시 물량까지 합하면 공급과잉은 더욱 심해진다. 운정신도시는 2011년 2만 가구, 2012년 5천 가구, 2013년 이후 1만 7337가구가 입주하였다. 둘째, 강남에서 멀리 떨어진 입지적 약점이다. 1기 신도시 중 경쟁관계인 분당신도시는 서울 강남에 인접해 있고 경부축에 자리 잡고 있어 입지적 장점을 톡톡히 보고 있다. 그러나 일산은 강남 접근성이 떨어지고 자족성을 높일 수 있는 대규모 산업단지도 없어 베드타운에 그치고 있다[4].

향후 일산신도시는 수도권광역급행철도(GTX) 개통에 큰 기대를 걸고 있다. GTX는 지하 40~50m 깊이에 건설되는 터널 속을 최고 시속 200km, 평균 시속 100km로 달리는 광역급행철도이다. 경기도는 일산~동탄 73.7km 구간, 송도~청량리 48.7km 구간, 의정부~금정 45.8km 구간 등 3개 노선을 계획하고 있다. 그 중 일산~동탄 73.7km 노선이 개통된다면 서울 도심과 강남 및 경기남부 지역과의 접근성이 높아져 큰 경쟁력을 갖추게 될 것이다.

---

[4] [수도권 신도시 점검] ❷ 일산신도시…제2자유로·GTX로 집값 상승 기대, 매일경제 2012.01.18

🔼 평촌신도시의 경쟁력과 위협요인

평촌신도시는 경기 안양시 동안구 관양, 비산, 평촌, 호계동 일대 510만㎡에 조성된 4만 2,450 가구의 신도시이다. 1990년대 초반 신도시가 조성될 당시만 해도 분양가는 3.3㎡당 190~200만 원 수준이었다. 2017년 3분기 향촌 롯데 85㎡는 매매가 6억 원대를 형성하고 있어 3.3㎡당 2,000만 원 수준으로 최초 분양가 대비 10배 상승해 있다.

평촌신도시는 1990년대 초반 신도시가 형성될 때만 해도 아파트 입주민 대부분이 내 집 마련을 위한 실수요자였다. 그러나 개발 이후 이후 교통여건이 개선되고 강남 접근성이 좋아지면서 중산층이 대거 유입되었다. 평촌의 대표적 아파트단지는 1992년 선경, 우성 등 총 5,000여 가구가 입주한 범계동 목련마을이다. 100㎡ 이상 중대형 평형 비중이 높은 데다 중앙공원, 희망공원 등이 내려다보여 남다른 조망권을 자랑한다. 평촌신도시는 서울, 안양, 수원 방향으로 전철 망이 잘 구비되어 있고, 외곽순환도로와 국도가 잘 연결되어 있어 전세수요가 꾸준하다.

평촌신도시는 대중교통 접근성이 좋고, 좋은 학군을 가진 것이 장점으로 평가받고 있다. 첫째, 서울에서 약 20km 떨어져 서울 접근성이 좋고, 신도시를 동서로 가로지르는 지하철 4호선 범계, 평촌역에서는 사당역까지 30여분이면 도달한다. 1시간 이내 강남 접근이 가능하고 아파트단지를 구분하는 도토와 버스, 지하철 등 교통여건이 좋다. 인근의 수원, 광명, 과천을 연결하는 버스 노선이 많아 외부 인구 유입도 수월하다. 강남 접근성이 좋고 지하철 1·4호선을 이용해 서울, 수도권 남부 지역으르 이동도 편리하다. 강남, 과천, 평촌으로 이어지는 중산층 주거벨트를 형성하고 있고 평촌 내에 대학병원, 편의시설, 쇼핑시설 등이 잘 갖춰져 주거환경이 좋다.

둘째, 좋은 학군이 형성되어 있다. 귀인동과 신촌동 사이 도로 양편에는 수도권 남부 지역 최대의 학원가가 형성되어 있다. 1993년부터 조금씩 들어서다 지금은 1,000여개 이상의 학원이 밀집해 있어 교육타운을 형성하고 있다. 이 곳에는 평촌 뿐만 아니라 과천, 의왕, 산본 등 인근 지역 학생들까지 몰려들고 있다.

셋째, 자족성을 높일 수 있는 첨단산업단지가 인근에 입지하고 있다. 안양시는 1960~1970년대만 해도 공업도시로 발전해 왔기 때문에 공단이 많다. 인근의 대한전선 부지와 관양스마트타운이 개발되면서 자족기능이 높아졌다. 대한전선 본사를 비롯한 12개 계열사가 안양시 동안구 관양동 대한전선 안양공장 부지 25만 5,000㎡로 이전하였다. 기업들이 모두 입주하면 1,800여명 일자리가 생기고 안양시는 연간 210억 원 세수가 예상되고 있다. 평촌스마트스퀘어로 불리는 이곳에는 R&D센터, 연구시설도 함께 들어서 도시첨단산업단지로 조성된다.

넷째, 범계역 일대는 평촌신도시를 대표하는 주변 수요를 흡수할 만한 대표 상권을 갖추고 있다. 1994년부터 뉴코아아울렛, 킴스클럽이 입주했고, 범계역 2번 출구 주변 로데오거리에는 쇼핑, 먹거리, 유흥업소가 들어서 있다. 범계역 반경 2㎞ 이내 아파트단지 수요만 6,000여 가구여서 평일 낮에도 수요가 꾸준하다.

그러나 평촌신도시의 위협요인도 지적되고 있다. 첫째, 1990년대 초에 건설되어 아파트가 낡았지만 마땅한 돌파구가 없다. 단지

마다 리모델링을 기대하고 있지만 평촌 아파트는 대부분 용적률이 높아 분당에 비해 리모델링이 상대적으로 불리하다. 수평증축을 허용하도록 리모델링 법안이 개정되었지만 기존 용적률이 높아 수익성을 확보하는데 어려움을 겪고 있다. 분당의 경우 용적률이 184%이지만, 평촌은 용적률이 204%로 높고 여유부지가 없어 현실적으로 수평증축이 어렵다.

둘째, 신도시 규모가 작고 발전할 발전 공간이 부족하다. 이미 아파트단지가 빼곡히 들어서 있어 개발할 만한 여유부지가 없고, 도시가 좁아 분당, 일산에 비해 답답하다. 주변의 안양, 산본, 의왕과 비교해 입지는 뛰어나지 않지만 상대적으로 매매가격과 전세가격이 높아 진입장벽에 한계가 있다[5].

평촌신도시는 대중교통망이 잘 정비되어 전세수요가 꾸준하고, 매매가격도 큰 폭의 기복이 없다는 강점이 있다. 그러나 도시공간의 부족으로 도시가 확장할 수 있는 발전 공간이 부족하다는 약점도 있다. 주변 과천의 정부청사가 빠져나간 공간을 복합적으로 연계하여 개발한다면 부족한 공간해소와 자족기능을 보완할 수 있을 것이다.

---

5) [수도권 신도시 점검], 평촌신도시…학군 좋고 중산층 실수요 탄탄, 매경이코노미 제1642호(12.02.01~07)

🏠 산본신도시의 경쟁력과 위협요인

산본신도시는 1990년대 수도권 5대 신도시 개발계획에 따라 건설되었다. 1992년부터 1995년까지 매년 3만 명 이상 인구가 유입되면서 4만 2,000여 가구의 신도시로 면모를 갖췄다. 지하철 4호선 산본역 주변에는 공공아파트들이 줄줄이 들어서 있다. 산본역 앞 약 5만㎡ 상업지구는 산본신도시의 유일한 대형 상권으로 다양한 업종의 점포들이 밀집해 있다.

북쪽으로는 이마트, 남쪽으로는 뉴코아아울렛 등 대형 유통업체가 자리 잡고 있다. 대규모 아파트단지가 몰려 있는 서쪽과 군포시청이 있는 동쪽은 고객들이 몰려드는 곳이다. 인근에는 아파트단지뿐 아니라 군포시청을 비롯한 공공기관도 많아 수요는 꾸준하다. 남성, 학생보다는 여성, 주부층이 소비를 주도하는 것이 특징이다. 전세가격과 매매가격이 다른 신도시에 비해 상대적으로 저렴하여 사회생활을 시작하는 신혼부부들이 많이 살고 있다.

2015년 7월 기준 산본신도시 3.3㎡당 매매가격은 930만 원, 전세가격은 764만 원 수준이었다. 재궁동 매매가격은 895만 원, 전세가격은 731만 원이었으며, 산본1동 매매가격은 883만 원, 전세가격은 777만 원이었다. 또한 광정동 매매가격은 1,008만 원, 전세가격은 809만 원이었으며, 수리동 매매가격은 904만 원, 전세가격은 746만 원 수준이었다.

2017년 9월 현재 재궁동 무궁화 134㎡ 매매가격은 41,000만 원, 전세가격 36,000만 원 수준이며, 산본1동 주몽마을 대림 85㎡ 매매가격은 43,000만 원, 전세가격은 41,000만 원 수준을 형성하고 있다. 또한 광정동 우방·한신공영·목련 85㎡ 매매가격은

37,500만 원, 전세가격은 34,200만 원 수준이며, 수리동 한양수리 95㎡ 매매가격은 42,400만 원, 전세가격은 35,000만 원 수준을 형성하고 있다. 2015년 7월에 비해 2년이 지난 2017년 9월 현재 매매가격과 전세가격이 3.3㎡당 100~200만 원 상승해 있다.

산본신도시는 다른 1기 신도시에 비해 위협요인이 많다.

첫째, 인근 안양과 의왕지역에 평촌신도시, 관양지구, 청계지구 등 경쟁지역이 많다. 입주 25년이 지나면서 도시 노후화가 진행되고 있고, 다른 1, 2기 신도시에 비해 자족기능이 부족하다는 지적을 받고 있다. 때문에 수도권에서도 대표적인 베드타운 신도시로 불린다. 1기 신도시 중 주거 선호도가 가장 낮고 수원, 화성, 용인 등에 신규 아파트단지가 입주하면서 상대적으로 지명도가 떨어지고 있다.

둘째, 대부분 아파트가 고층단지로 구성되어 있어 리모델링을 할 경우 다른 신도시에 비해 수익성이 떨어진다. 즉, 높은 용적률과 여유 공간 부족 등으로 리모델링을 하는데 어려움이 있다.

그러나 경쟁력 있는 요인도 있다.

첫째, 수리산 자락에 위치해 공기가 좋고, 기본 인프라가 잘 구축되어 주거환경이 뛰어나다. 또한 주변 평촌신도시와 과천에 비해 집값이 싸고 중소형 평형 아파트 비율이 70%를 넘어 젊은 부부들이 선호한다. 덕분에 매매보다는 전세 수요가 넘쳐난다.

둘째, 대중교통 접근성이 뛰어나다. 지하철 4호선 산본역, 1·4호선 환승역인 금정역과 가깝다. 영동고속도로, 외곽순환도로를 이용하기도 편리하다. 또한 경기도가 추진하는 금정~의정부 GTX

노선의 수혜를 입을 수 있다. GTX가 개통되면 서울까지 20분 정도에 오갈 수 있지만 사업타당성이 낮아 진행이 미진하다[6].

산본신도시는 지하철 4호선 및 1호선과 연계가 쉽고, 서울과 수원 및 안양 등으로 이동이 편리하기 때문에 임대수요가 꾸준하다. 다른 1기 신도시들에 비해 소형평형도 많아 신혼부부 전입이 많다. 주변에 산업단지와 공단이 많아 일자리를 찾아 들어오는 젊은 층이 많고, 편리한 교통으로 서울과 안양, 수원 등으로 출퇴근 인구도 많다. 아파트 소형화 추세에 맞게 소형주택이 많아 가격이 급락하지 않고, 임대수요는 항상 대기하고 있다. 1기 신도시 중 가장 서민밀집 신도시이며, 실수요자 위주로 투자를 권한다.

🏠 중동신도시의 경쟁력과 위협요인

중동신도시는 경기 부천시 원미구 일대, 면적 545만㎡, 4만 1,000여 가구, 17만여 명이 입주해 있다. 다른 1기 신도시와 마찬가지로 1990년대 초반 대규모 아파트 단지들이 건설되었다. 남측에는 서울과 인천을 잇는 지하철이 동서로 통과하고, 북측에는 경인고속도로에 가깝다. 중동신도시 주변 2㎞ 내에 부천시청과 지하철 송내역, 중동역 등이 입지한 것이 매력이다. 롯데백화점, 이마트, 홈플러스 등 쇼핑시설도 많은 편이다. 중동신도시는 다른 신도시보다 서민층 수요가 탄탄하다. 대부분 아파트 단지 가격이 저렴한 덕분이다. 아파트 단지들이 대부분 중동역, 송내역에서 멀지 않고 서울 당산, 영등포, 여의도 등지로 진입하는 광역버스도 많다.

---

[6] [수도권 신도시 점검] ❹ 산본신도시…거주환경 뛰어나고 젊은 층 많아 활기, 매경이코노미 제1643호(12.02.08~14)

중동신도시는 서울과 인천을 오가는 중산층과 서민층들이 가장 선호하는 곳이며, 백화점과 대형병원 등 편의시설이 잘 갖춰져 있고, 교통도 편리한 것이 장점이다.

2015년 7월 기준 중동신도시 3.3㎡당 매매가격은 978만 원, 전세가격은 777만 원 수준이었다. 중1동 매매가격은 1,055만 원, 전세가격은 850만 원이었으며, 중4동 매매가격은 1,003만 원, 전세가격은 794만 원 수준이었다. 또한 상동 매매가격은 951만 원, 전세가격은 761만 원 수준이었다. 2017년 9월 현재 중1동 포도마을 삼보 85㎡ 매매가격은 40,000만 원, 전세가격 28,000만 원 수준이다. 또한 중4동 은하마을 대우 101㎡ 매매가격은 48,000만 원, 전세가격은 39,000만 원 수준이다. 그리고 상동 건영 55㎡ 매매가격은 25,000만 원, 전세가격은 22,000만 원 수준이다. 중동신도시는 2015년 7월에 비해 2년이 지난 2017년 9월 현재 매매가격과 전세가격이 3.3㎡당 150~300만 원 상승해 있다.

중동신도시의 위협요인도 있다. 첫째, 규모가 작고 주변 개발여건이 좋지 않다. 중동신도시는 총 거주 인구가 4만 1,000여 가구에 불과해 1기 신도시 중 가장 규모가 작다. 일산신도시 6만 9,000가구는 물론이고, 산본신도시 4만 2,000가구에도 못 미친다. 주로 아파트, 오피스텔, 상가들만 빼곡히 들어서 있고 기업 오피스, 공장이 부족해 대표적인 베드타운이라는 점도 위협요인이다.

둘째, 리모델링이 쉽지 않다. 2008년만 해도 중동신도시에서 리모델링을 추진하는 곳만 8개 단지, 9,700여 가구에 달했다. 그러나 사업성 부족 등으로 대부분 단지들이 리모델링을 포기하였다.

그러나 발전요인도 있다. 첫째, 서울과 경기도 부천, 인천 부평을 잇는 지하철 7호선이 개통되면서 호재를 맞이하였다. 7호선 온수역과 부천, 인천지하철 부평구청역 구간 10.2㎞ 사이에 8개 역이 있어 지역발전을 견인하고 있다. 1호선은 온수역, 인천지하철은 부평구청역에서 각각 갈아탈 수 있으며, 부천과 서울 강남권이 40분대에 접근성이 가능하다.

둘째, 다른 신도시보다 저평가되어 실수요자가 꾸준히 유입되고 있다. 교육·문화·편의시설 등 기본 인프라도 잘 갖춰져 있다. 중동신도시 중심지역 상가와 소형아파트, 7호선 연장선 역세권 오피스텔 등에 관심이 높다. 상가 투자에 관심 있다면 부천종합터미널과 홈플러스를 기반으로 형성된 상동 상권이 좋다. 대로변 복합건물에 상가점포가 밀집해 있고, 대형마트와 터미널이 있어 배후 가구 외에도 유입 인구가 많다. 주요 업종은 업무시설, 학원, 병의원 시설 등이다. 서울로 출퇴근하는 중산층 수요가 많아 소형 아파트는 앞으로도 수요가 꾸준할 것이다[7].

중동신도시는 서울과 인천의 중간지점에 입지하고 있어 수요가 꾸준하다는 점이 강점이다. 서울과 인천으로 출퇴근하기 좋은 입지에 개발되어 있어 매매수요와 임대수요가 항상 대기하고 있다. 상동역 주변에는 부천과 인천 및 서울 등지에서 오는 유동인구가 많아 상권이 활성화 되어 있다. 또한 7호선이 개통되면서 강남과의 접근성이 좋아지면서 가치가 한 단계 높아졌다. 상동역을 중심으로 편의시설과 상업시설이 많이 입지해 있어 부천지역을 대표하는 중산층 주거지로 발전해 가고 있다.

---

7) [수도권 신도시 점검] ❺ 중동신도시…10월 개통 7호선 연장 호재, 매경이코노미 제1645호(12.02.22~28)

중동신도시 호재가 된 7호선

출처 : 국토부

6
2기 신도시의 경쟁력과 위협요인

정부는 1기 신도시의 성공적인 건설 이후 1997년 외환위기로 주택수요가 급감했던 김대중 정부시절 신도시 건설을 중단하였다. 그 후 공급부족으로 시장이 불안해 지자 노무현 정부시절 수도권 주택난 해소 및 난개발 방지를 위하여 2기 신도시 건설을 재추진하기 시작한다.

2003년 동탄1신도시 건설을 시작으로 10개의 2기 신도시가 건설되었다. 동탄신도시, 판교신도시, 광교신도시는 서울 강남지역의 주택수요 대체와 수도권 남부의 행정기능을 분담한다는 목적으로 건설되었다. 한강신도시와 운정신도시는 서울강서와 강북지역의 주택수요 대체와 성장거점 기능을 분담한다는 목적이었다.

2기 신도시는 서울 등 주변지역과의 교통체계 구축 및 쾌적한 주거환경과 자족기능을 갖추고, 수도권의 과밀해소와 주거안정에 기여할 것으로 기대되었다.

2기 신도시

구분	성남 판교	화성 동탄1	화성 동탄2	김포 한강	파주 운정	수원 광교	양주 옥정	송파 위례	평택 고덕	인천 검단
부지 면적 (km²)	8.9	9.0	24.0	11.7	16.5	11.3	1⎯.5	6.8	13.4	18.1
주택 건설 (천호)	29.3	40.9	115.3	60.3	86.4	31.1	60.2	43.6	58.3	92.0
수용 인구 (천인)	88	124	286	167	213	78	168	109	144	230

출처 : 국토부

　2기 신도시 중 가장 인기 높은 곳은 강남 접근성이 좋은 판교신도시와 위례신도시이다. 반대로 옥정신도시, 검단신도시, 운정신도시는 입지가 좋지 않아 인근 직장에 다니는 실수요자가 투자하는 것이 좋을 것이다.

　먼저, 판교신도시는 강남과 분당과 인접하고, 강남권 접근성이 좋아 교육과 문화도 바로 접할 수 있다. 신분당선 개통으로 교통 여건도 좋아졌고, 벤처단지가 많아 우리나라 신도시의 문제점으로 지적된 자족성을 갖추었다는 점도 강점이다. 판교신도시에는 2005년 11월경 2만 1천 세대(임대 4000세대 포함)가 분양되었다. 분양가격은 전용면적 25.7평 이하 공공택지(분양가 상한제)적용 3.3m²당 850~950만 원 수준이었다.

　전용면적 25.7평 초과공공택지(채권병행입찰제도입) 3.3m²당 1,500만 원 수준이었다. 2017년 9월 현재 판교신도시 아파트 매매가격은 입주 때보다 2배 이상 상승해 있어 2기 신도시 최고의 수혜지역으로 꼽힌다. 또한 위례신도시도 강남과 인접해 있고, 다른 신도시보다 강남 접근성이 좋다. 문정법조타운, 송파대로 상업지역 벨트과 인접해 있고, 강남과 송파지역의 시세보다 상대적으로 저렴한 장점이 있다. 그러나 옥정신도시, 검단신도시, 운정신도시 등은 강남권과 멀리 떨어져 있고, 입지도 좋지 않다는 평가를 받고 있다.

옥정신도시, 검단신도시, 운정신도시 등은 입지적 문제와 더불어 인근에 공급과잉 논란을 불러오고 있는 택지개발지구가 많은 점도 약점으로 지적되고 있다. 예를 들어 검단신도시는 주변에 한강신도시가 인접해 있어 공급과잉 우려가 크다.

운정신도시는 인근에 운정3지구가 추가로 건설되고, 운정신도시보다 서울접근성이 뛰어난 곳에 삼송, 원흥 택지개발지구가 건설되어 있다. 운정신도시는 높은 분양가격도 문제로 지적되고 있다. 한라건설은 지난 2006년 9월 아파트 분양가를 주변 시세인 3.3㎡당 800만~900만 원보다 훨씬 비싼 3.3㎡당 1,257만~1,499만 원으로 책정해 고분양가 논란을 불러 일으켰다. 옥정신도시의 경우에도 북쪽으로 너무 치우쳐 있고, 앞쪽으로 의정부 민락지구, 고읍지구 등 택지개발지구가 입지해 있다.

한편, 한강신도시와 고덕신도시 등은 초기에 미분양으로 고전하였으나 시간이 지니면서 호재를 바탕으로 회복해 가고 있다. 한강신도시는 입주 초기에 가구별로 당초 분양가보다 2,000만~3,000만 원까지 하락한 경우가 많고, 미분양 물량도 많았다. 그러나 김포도시철도가 호재를 바탕으로 차츰 회복세를 이어가고 있다.

2011년 입주가 시작된 한강신도시는 미분양으로 인해 아파트만 드문드문 들어서 있을 뿐 관공서, 학교, 상가 등 기반시설은 찾아보기 어려웠다. 그러나 서울의 전월세대란으로 상대적으로 가격이 싼 한강신도시로 임대수요가 몰리면서 미분양물량은 대부분 소진되었다. 고덕신도시는 수도권 남부 신도시 중에서 서울 접근성이 떨어지고 광교, 동탄 등 대규모 신도시가 입주하면서 신도시로서 가치가 낮은 것으로 평가되었다. 그러나 미군부대 이전이 마무리되고, 삼성과 LG 등 대규모 공단입주, SRT개통 등으로 호재를 이어가고 있다. 향후 가장 발전가능성이 큰 신도시로 주목받고 있다.

7
신도시는 어떤 목적으로 건설되나?

신도시는 영어로 New Town이라고 표기한다. 신도시를 지칭하는 유사한 용어는 신지역사회, 도시 내 신도시, 위성도시 등이 있다. 신도시는 광의로는 '계획적으로 개발된 새로운 주거지'를 의미하나, 협의로는 '새로이 개발된 독립된 도시'를 의미한다.

신도시는 영국의 하워드가 제창한 전원도시 이후 20세기 중반이후에 현대 대도시의 도시문제를 해결하기 위해 정부가 인위적으로 조성한 계획도시를 말한다. 따라서 행정도시로서 성장한 전 근대도시나 산업도시로서 성장한 근대도시가 정치적·경제적 동기에서 자연발생적으로 형성된 것과 달리 신도시는 정부의 의도적 개입에 의해 계획적으로 조성되었다는 점이 특징이다.

광의의 신도시 개념은 계획적으로 개발된 새로운 도시주거지를 포괄적으로 말한다. 따라서 대도시 인근에 도심의 과밀인구와 과도한 도시시설을 분산시키기 위하여 건설한 위성도시, 또한 모도시에 의존적인 도시 또는 대도시 인접지역에 계획적으로 개발한 주택단지나 확장도시, 그리고 대도시와 공간적으로나 기능적으로 분리시킨 자족형 도시 등이 포함된다. 협의의 신도시 개념은 대도시 주변의 계획도시 가운데 기존의 도시들과 공간적으로나 사회경제적으로 독립성을 유지하면서 독자적인 정치·경제·사회활동이 이루어지는 자족형 도시와 대도시에 대항해서 새로운 지역거점으로 개발하려는 지역거점도시를 말한다.

종합하면 신도시는 의도적으로 새롭게 건설되는 도시형 인간 정주공간이며, 국가의 사회·경제 및 국토정책의 일환으로 계획 하에 건설되며, 해당도시 주민의 생활에 필요한 서비스와 일자리를 충족하는 자족성을 지닌 정주공간을 의미한다.

역사적으로 보면 신도시의 개발은 동양보다는 서양을 중심으로 발전하였다. 3000년 전 그리스시대에는 무역확대의 수단으로, 로마제국에서는 영토 확장 및 제국의 안전에 위협이 될 수 있는 사람들을 로마로부터 이주시키기 위한 특정목적을 위하여 신도시를 건설하였다.

근대 신도시의 개발은 영국에서 출발하였다. 18세기 중엽부터 시작된 산업화 경향은 도시화 현상을 촉진시켰고 이로 인한 급속한 도시발전은 근대화 및 인류문명을 획기적으로 변화시켰다. 그러나 이와 더불어 부정적 결과인 주택난·실업·범죄증가·공해문제·혼잡·과밀 등과 같은 도시문제를 발생시켰다. 이러한 도시문제를 해결하면서 도시질서와 생활환경을 극복하기 위한 방안의 하나로 전원도시운동이나 신도시 개발이 전거되었다.

현대에 와서는 1944년 아버크롬비가 하우드의 도시계획이 개념을 바탕으로 영국 런던의 과밀인구를 분산시키고 도시의 비대화를 예방하는 차원에서 런던 개발제한구역 외각에 10개 신도시를 건설하자는 대 런던계획을 제안하면서부터 시작되었다.

1946년 세계 최초로「신도시법」이 제정되어 정부의 재정적·행정적 지원과 제도적 틀을 마련하게 되었다. 이후 1947년과 1950년대 사이 14개의 신도시가 계획되었고, 그 후 다수의 신도시가 개발되기 시작하였다.

한편, 신도시의 유형은 입지, 공간구조, 기능 등에 따라 분류한다. 입지에 따라 위성도시, 독립적 신도시, 도시 내 신도시 등으로 분류한다. 공간구조에 따라 수평적 도시와 수직적 신도시로 분류한다. 기능에 따라 자원개발을 위한 신도시, 관광휴양도시, 다목적 기능도시, 연구학원도시, 군사도시, 행정수도 등으로 분류한다[8].

신도시의 분류

구 분	내 용
입지에 따른 분류	○ **위성도시(Satelite town)** • 대도시 근교에 위치하여 대도시 주택단지적 성격을 지니고 있고, 기능면에서 모도시와 종속적인 위치에 있지만 여러면에서 독립적인 주체성을 지님 • 사회경제적으로는 모도시에 의존하고 있어 직장은 모도시에 있고 잠만 자는 도시라는 점에서 배드타운이라고도 함 ○ **독립적 신도시** • 모도시와 기능적으로 완전히 독립된 도시로서 대도시로부터 멀리 떨어져 있는 신도시 • William A. Robson은 모든 신도시는 주택, 산업, 기타 레크레이션 등을 포함하여 자급자족할 수 있는 단위로 개발되어 가능한한 대도시와 분류되어 있어야 한다고 함 ○ **도시내 신도시(New Town in town)** • 대도시와 기존 시가지의 중심부에 입지하면서 기능면에서나 공간구조면에서 비교적 독립성을 지니는 신시가지

---

8) 국토부

구 분	내 용
공간 구조에 따른 분류	○**수평적 도시(Horizontal City)** • 저밀도 확산적 구조를 가지며 초기의 신도시가 여기에 속함(Frank L.Wright의 브로드 에어커도시, C.A Doxiadis의 에큐메노폴리스) ○**수직적 신도시(Vertical City)** • 고밀도 집약적 구조로서 후기의 신도시가 여기에 속함(시카고의 마라나시티, Paulo Soleri가 주장한 콤펙트 시티)
기능에 따른 분류	○**자원개발을 위한 신도시** • 대규모 자연개발이나 에너지 개발을 위해 대도시로부터 멀리 떨어진 지역에 새로운 도시를 건설하는 것으로 광산도시적 신도시를 말함 ○**관광휴양도시** • 관광, 여가활동, 운동, 위락활동 등의 다양한 기회를 제공하기 위하여 건설되는데, 입지는 그 지역의 여건을 고려하여 건설됨 ○**다목적 기능도시** • 일반적인 도시로서 지녀야 할 여러 가지 기능을 수행하는 다목적 신도시(영국의 뉴타운) ○**연구학원도시** • 연구와 교육에 적합한 생활환경 조성을 가능케하여 대학, 연구소, 기타 학술 연구기관이 중심이 되어 형성된 도시 ○**군사도시** • 국가 방위상 필요성에 의한 육군, 공군, 해군지기 등 군사시설이 설치되고 군부대가 주둔하는 경우 군인가족의 입주로 인구가 증가하고 그 배후지로서 신도시를 개발할 필요성으로 건설된 도시 ○**행정수도** • 행정수도의 이전을 위해 건설되는 신도시로 오스트레일리아 캔버라, 브라질의 브라질리아, 파키스탄의 이스라마바드, 우리나라의 세종시 등

출처 : 국토부

8
우리나라 신도시 개발의 역사

　우리나라에서 현대적 의미의 신도시 건설이 본격화된 것은 1960년대 이후이다. 1960년 초기에는 산업도시나 산업기지 배후도시를 육성하거나 수도권의 인구과밀을 완화하는 것이 정책의 목표였다.

　1980년대에 들어와서 행정기능분산, 연구학원도시개발 등 새로운 유형의 신도시 건설이 추진되었다. 우리나라에서 신도시 건설의 목적은 특정지역에 산업을 집중적으로 개발하는 것을 목표로 산업신도시 건설과 산업기지 배후 신도시 건설이 있다.

　또한 대도시 문제 해결을 목표로 하는 신도시 건설이 있다. 대도시 문제에는 수도권 인구, 행정기능, 도심기능, 공해공장, 불법주택 등의 분산 및 이전 등이 있다.

　그리고 특정 낙후지역을 거점으로 중점적으로 개발하는 신도시 건설이 있다.

　마지막으로 연구학원도시의 건설을 위하여 특정지역을 개발하는 신도시 건설이 있다.

우리나라의 신도시 건설역사는 해방 후부터 몇 단계로 나눌 수 있다.

첫째, 해방이후 50년대에는 전후복구 시기로서 비계획적 시가지 확장형태의 도시개발이 주류를 이루었으며, 토지구획정리사업에 의한 환지방식사업 위주의 개발이었다.

둘째, 1960년대에는 공업화 및 경제개발정책의 본격 가동과 더불어 현대적 의미의 신도시가 최초로 건설되었다. 우리나라 최초의 현대적 신도시는 울산신시가지(인구 15만)이며, 광주대단지(성남), 영동지구(강남), 여의도 등이 있다.

셋째, 1970년대에는 중화학공업 육성정책에 따라 임해지역에 산업기지 도시건설이며, 신 공업도시인 창원시 계획 때 신도시라는 용어가 사용되었다. 대덕연구학원도시, 창원과 여천 공업도시, 구미공단 배후도시, 서울강남 신시가지, 과천과 반월 등의 개발사례가 있다.

넷째, 1980년대에는 목동과 상계동에 주택중심의 도시 내 신도시(New Town in town) 건설이다. 주택 200만호 건설의 일환으로 수도권 1기 신도시, 대전둔산 및 계룡지구 등 일부 행정기능 이전을 위한 신도시 건설이 대표적이다. 신도시 개발수법은 택지개발촉진법에 의한 공영개발이 주로 활용되었다.

다섯째, 1990년대에는 대규모 신도시 일시개발에 대한 비판에 따라 소규모 분산적 택지개발과 준농림지 개발 허용으로 정책방향이 선회하였다. 그러나 무임승차에 의한 기반시설 부족 등 심각한 난개발 초래하였다.

여섯째, 2000년대에는 과거 신도시에 대한 부정적 이미지 전환 및 소규모 분산적 개발을 대체하는 계획도시 개념의 신도시 건설이다. 동탄1, 동탄2, 판교, 한강, 운정, 광교, 옥정, 위례, 검단, 고덕 등 수도권 제2기 신도시가 해당된다.

우리나라 신도시 변천과정

발전단계	주요 내용	특 징
제1기 (1960년대 이전)	- 행정기능의 배분과 정비 및 체제확립을 위한 법령, 제도 운영 결과로 신도시 출현 - 전후복구시기로 비계획적 시가지 확장형태 개발 - 토지구획정리사업에 의한 환지방식 위주 (진해, 의정부, 논산, 대전 등)	계획은 없었으나 자생적 신도시 출현
제2기 (1960년대)	- 근대화 정책의 산물로 출현 - 공업화 및 경제개발정책의 본격가동과 더불어 현대적 의미의 신도시 최초 건설 * 공업개발전진기지 : 울산, 포항 * 수출전진기지 : 마산 * 판자촌해소 : 성남	계획은 없었으나 계획도시 출현
제3기 (1970년대)	- 제1차 국토종합개발계획에 의한 계획적 신도시 개발시기 - 1960년대의 신도시모델, 인구분산 목적의 신도시, 지역간의 균형성장을 위한 신도시정책이 동시에 추진된 혼합기 (대덕, 창원여천공업도시, 구미공단배후도시, 서울강남신시가지, 과천, 안산 등)	계획은 있었으나 계획도시가 출현하지 못함
제4기 (1980년대)	- 제2차 국토종합개발계획에 의한 적극적 개발시기 - 지역개발 수단으로 신도시를 개발함으로서 대도시 인구 분산 시도 3개 도시(대구, 광주, 대전) 핵화12개 지역 생활중심도시를 2차 거점 도시화 - 서울시대 대규모 택지개발을 통한 도시내 신도시 개발(개포, 고덕, 목동, 상계)	거점도시화시대돌입 국토의 축 : 광역 개발

발전단계	주요 내용	특 징
제5기 (1990년대)	- 수도권 주택 공급확대, 부동산 투기 억제 - 서울의 인구분산을 목적으로 한 신도시 개발 (분당, 일산, 부천, 평촌, 중동: 수도권 1기 신도시) - 대규모 신도시 일시개발에 대한 비판으로 소규모 택지개발과 준농림지 개발허용으로 정책방향 선회 - 무임승차에 의한 기반시설 부족 등 심각한 난개발 초래	국토의 균형발전 및 부동산투기 억제
제6기 (2000년대)	- 과거신도시에 대한 부정적 이미지 전환 및 소규모 분산적 개발을 대체하는 '계획도시' 개념의 신도시 건설 - 계획적 자족도시 건설 (동탄1, 동탄2, 판교, 한강, 운정, 광교, 옥정, 위례, 검단, 고덕)	자족기능 강화

출처 : 국토부

9

우리나라 신도시 자족성 보완해야

　신도시 건설은 정부에 의하여 주택난 해소 등 어떤 정책목표를 달성하기 위하여 계획적으로 새로운 정주지를 건설하는 것을 말한다. 여기에는 위성도시, 침상도시 등 모도시 의존적 도시는 물론 생산·소비·유통 등 모든 기능을 갖춘 독립적 도시건설도 포함된다. 신도시 건설의 목표는 도시과밀지역의 개발 필요성, 지방분산 및 공업의 지방 분산정책의 수립, 공업 활동의 규모 및 다양성 측면에서 지역 간 균형의 도모, 저개발지역의 재개발 등이다.

　그동안 우리나라에서는 바람직한 신도시 건설을 둘러싸고 첨예한 논쟁을 벌였는데 주요 쟁점내용은 다음과 같다.

　첫째, 신도시 건설에서 가장 중요한 재원조달 문제이다. 재원조달을 어떻게 하느냐가 건설의 성패를 좌우할 수 있다. 재원조달 방안은 크게 공공부담과 민간부담으로 나누어 볼 수 있는데, 최근에는 민간자본의 도입과 활용에 관심이 높아지고 있다.

　둘째, 입지선정 문제이다. 신도시 건설의 입지선정 기준은 개발의 목표에 따라 다양하다. 일반적으로 입지선정에서 고려되는 기준으로는 지역 간 형평성, 신개발지냐 기개발지냐의 여부, 환경조건, 교통조건, 부지의 지형적 특성, 기존 도시와의 거리 등이 있다.

셋째, 신도시 건설의 주체 문제이다. 신도시 건설은 시행주체에 따라 공영개발방식과 민간개발방식으로 구분된다. 공영개발방식은 정부가 사업주체가 되어 주로 개발공사를 설립하여 개발계획의 전 과정을 담당하는 것이다. 민간개발방식은 민간건설업자에 의해 영리목적으로 특정지역을 주로 대규모 주거단지로 건설하는 것이다. 실제 이들 두 주체가 상호 연결되어 신도시를 건설하는 혼합개발방식이 더 보편적이다. 즉, 개발과정에서 민간이 재원조달에 참여하거나 또는 정부가 택지조성에 참여하는 경우가 많다.

한편, 1980년대 후반부터 서울의 주택문제를 해결하기 위해 건설되기 시작한 1기와 2기 신도시 건설의 문제점도 만만치 않게 지적되고 있다. 먼저, 신도시가 갖추어야 할 자족기능의 결여가 가장 큰 문제점으로 지적되고 있다. 우리나라 신도시들은 대부분 독립적인 도시라기보다는 잠만 자는 베드타운형으로 건설되어 모도시와의 관계에서 교통, 환경 등 많은 문제점을 노출하였다.

또한 신도시 건설이 단순히 기존도시의 외연적 확산에 그침으로써 토지이용의 비효율성과 환경문제를 가져왔다. 그리고 비민주성과 개발계획이 중앙정부의 통제 하에 이루어지기 때문에 지방정부와 지역주민의 개발과정에의 참여가 미흡하였다.

뿐만 아니라 무분별한 신도시 건설로 자연생태계의 파괴문제를 불러왔으며, 입주초기에 교통문제와 생활편의시설 부족문제를 유발하였다. 이러한 문제점을 해결하기 위한 방안으로는 토지이용의 효율화, 교통 및 통신망의 광역적 구축, 공원녹지의 충분한 개발,

도시기반시설의 적절한 공급, 보행자 및 자전거도로 우선 확보, 대중교통수단의 우선 개발 등이 보완되어야 한다.

특히, 그동안 우리나라의 수도권 신도시들은 단기간에 베드타운으로 건설된 것이 가장 큰 문제점이다. 대도시의 주택부족문제를 해결하기 위해 단기간에 건설되다보니 환경파괴와 부실공사문제가 발생되었다. 또한 아파트를 먼저 건설한 후에 도시인프라를 공급하여 초기 입주민들이 생활하는데 많은 어려움을 겪었다.

어느 신도시든지 입주 초기에는 교통인프라 부족과 생활편의시설 부족 문제를 겪었다. 그리고 자족성 부족으로 베드타운이 되었다. 신도시는 계획적으로 건설된 공간 속에서 일자리를 바탕으로 일상생활과 자녀교육 및 여가생활 등이 가능해야 한다. 그러나 우리나라 신도시는 아파트 위주의 공급으로 베드타운을 건설하다보니 일자리를 창출 할 수 있는 자족시설이 부족하였다. 이 자족시설 문제는 신도시 입주 40~50년이 되면 주민들의 고령화와 건축물 및 시설물 노후문제와 맞물리면서 신도시 최대의 위협요인이 될 수 있다. 지금부터라도 일자리를 창출할 수 있는 자족시설을 보완하는 대책을 마련해야 한다.

일본의 사례에서 볼 수 있듯이 입주민들의 고령화와 건물노후화 및 젊은 인구의 도심회귀 현상은 신도시의 경쟁력을 떨어뜨리는 요인이 되고 있다. 2기 신도시는 자족성 강화를 명분으로 대부분 서울 도심에서 30~50km 떨어진 곳에서 건설되었다.

동탄신도시의 삼성전자, 판교신도시의 벤처단지, 고덕신도시의 반도체단지, 운정신도시의 LG단지 등은 나름대로 산업단지 들을 인근에 두는 등 자족성을 높이려는 노력의 결과이다. 그러나 완전한 자족성 이라기보다는 형식적 측면이 강하다. 우리나라 신도시의 자족성 부족문제는 어제 오늘의 일이 아니다.

신도시의 자족성을 높이려면 업무지구의 비율이 높아야 한다. 그러나 2기 신도시 토지이용계획을 보면 전체 면적에서 상업·업무지구가 차지하는 비율은 평균 3~7%에 그친다.

2기 신도시 중 가장 규모가 큰 동탄2신도시의 경우 상업·업무지구 비중은 5.8%에 불과하고, 판교신도시는 그보다도 낮은 3.1% 수준이다. 신도시가 오랫동안 유지되고 발전하려면 자족성 확보가 필수이며, 자족성을 높이기 위해서는 첨단기업, 대학, 연구소 등을 유치해야 한다. 단기간에 베드타운을 건설하겠다는 발상을 버리고, 영국의 밀턴 케인스, 일본의 쓰쿠바, 미국의 어바인 등 선진국처럼 시간이 걸리더라도 자족성 있는 신도시로 건설해야 한다.

2장

1기 · 2기 신도시 어디가 좋을까?

1. 1기 신도시는 왜 건설되었나? ······················ 63
2. 1기 신도시 경쟁력 ····································· 66
3. 2기 신도시는 왜 건설되었나? ······················ 80
4. 2기 신도시 경쟁력 ····································· 84
5. 2기 신도시 일부지역 마이너스 프리미엄 ···· 109
6. 1 · 2기 신도시 장단점과 경쟁력 ················· 112

1

1기 신도시는 왜 건설되었나?

　우리나라 수도권 신도시는 대부분 주택시장 안정과 주택문제를 해결하기 위한 목적으로 건설되었다. 1기 신도시는 분당, 일산, 평촌, 산본, 중동 등 5개 신도시를 말한다. 1기 신도시는 서울 시내에서 택지고갈로 더 이상 개발이 불가능하게 되자 1980년대 후반부터 개발제한구역 외곽에 신도시를 건설하면서 본격화되었다.

　첫째, 분당신도시는 수도권의 주택난 해소와 한국적 신도시개발모형 제시 및 고용창출 시설유치로 자족적 경제기반구축을 목표로 건설되었다. 서울도심에서 동남측으로 25km 떨어진 경기도 성남시에 건설되었다. 개발면적 19,640천㎡, 수용인구 390,000명, 수용세대 97,580세대 규모로 건설되었다. 고용창출효과가 큰 시설의 유치와 고용인구의 도시 내 거주를 통하여 서울에 대한 의존도를 낮추고, 자족적 경제기반을 구축한다는 목표로 개발이 시작되었지만, 결국 베드타운으로 전락하고 말았다.

　둘째, 일산신도시는 부동산 투기억제 및 주택난 해결과 서울북부지역 개발과 남북통일을 대비한 거점도시를 확보한다는 목적으로 건설되었다. 도시기능을 충분히 흡수할 넓은 지역이라는 특징을 갖고 있다. 서울 도심에서 북서쪽으로 20km 떨어진 곳에 개발면적 15,740천㎡, 수용인구 276,000명, 수용세대 69,000세대로 건설되었다.

셋째, 평촌신도시는 주거중심의 시가지로 개발하여 다양한 소득계층을 수용하되, 생활편익시설과 녹지공간이 충분히 확보된 쾌적한 도시환경을 조성한다는 목적으로 건설되었다. 서울도심에서 남측으로 20km 떨어진 안양시 지역에 위치하며, 과천시 남측과 접하고 있다. 개발면적 5,100천㎡, 수용인구 168,000명, 수용세대 42,000세대로 건설되었으며, 모도시인 안양대도시권의 신 중심업무지역으로 기능할 수 있도록 건설하였다.

넷째, 산본신도시는 수도권 인구분산과 주택공급 촉진과 다양한 주택수요에 부응하는 신도시를 목표로 건설되었다. 개발면적 4,203천㎡, 수용인구 168,000명, 수용세대 42,000세대로 건설되었다. 80년대 후반부터 급격한 주택가격 상승 등으로 심각해진 주택문제를 해결하기 위해 건설되었다. 산본신도시가 속한 군포시는 국도1호선을 중심으로 서측에 위치하고 있다. 군포시의 동측은 주거 및 공업지역, 서측 및 남측은 개발제한구역으로 둘러 쌓여있다. 안양과 연결되는 신도시로 건설됨으로써 군포시의 도시기능이 대폭 제고되었다. 도시기반시설과 생활편익시설의 확충으로 서울 및 인근지역의 인구를 유입하는 효과를 가져왔다.

다섯째, 중동신도시는 대단위 택지조성을 통한 수도권 주택의 안정적 공급과 도시기반시설의 확충 및 기존 시가지와 연계성 강화라는 목적으로 개발되었다. 개발면적 5,460천㎡, 수용인구 166,000명, 수용세대 41,400세대로 건설되었다. 중동신도시는 모도시인 부천시의 도시 및 주거환경의 양적·질적 수준의 향상과 함께 기존 부천시의 도시패턴을 재편성하여 새로운 중심지로 활성화될 수 있도록 개발되었다.

수도권 1기 신도시

구 분	분 당	일 산	평 촌	산 본	중 동
사업면적(km^2)	19.6	15.7	5.1	4.2	5.5
수용인구(천인)	390	276	168	168	166
주택건설(천호)	97.6	69.0	42.0	42.0	41.4
개발기간	'89~'96	'90~'95	'89~'95	'89~'95	'90~'96
서울도심과의 거리	25km	25km	20km	25km	20km
개발목적	자족적 경제기반 신도시	남북통일시대 거점도시	주거중심 도시	수도권 주택공급	주택공급과 도시기반구축

2
1기 신도시 경쟁력

🏠 분당신도시

　분당신도시는 당초 인구 39만 명의 신도시건설을 목표로 개발이 시작되었으나, 입지적 장점으로 50만 명을 넘어섰다. 야탑동, 이매동, 서현동, 분당동, 수내동, 정자동, 금곡동, 구미동 등 8개의 행정동으로 구분되어 있다. 상권은 서현동, 수내동, 정자동 등을 중심으로 형성되어 있다.

　1기 신도시의 선두주자로 인지도가 높았으나, 입주 30년이 다가오면서 낡은 신도시라는 인식이 강했다. 특히 인접한 지역에 2기 신도시의 대표주자인 판교신도시가 2009년 입주가 완료되면서 경쟁에서 밀려났다. 그러나 2025년을 전후한 재건축 시점이 되면 다시 주목받을 신도시로 손꼽히고 있다.

　판교신도시 주거지 배치는 중심상업지역 및 대중교통수단과 인접한 지역은 저소득층을 위한 소형 고밀주거지로 배치하였다. 외곽부는 중대형 공동주택이나 단독주거지로 배치하였고, 지형적으로 아파트를 건설하기 곤란한 지역에는 연립주택단지를 배치하였다. 복합용도를 주거단지와 상업지의 주요 활동 축에 삽입함으로써 상업지와 주거지의 활동을 다양하게 배치하였다. 경부고속도로 소음으로부터 보호하기 위하여 고속도로변에는 업무용지를 배치하고, 중심상업용지는 도시성장을 고려하여 탄천 부근에 배치하였다. 또한 분당과 주변도시를 연결하는 총연장 51.3km의 도로망구축 및 전철개통으로 사통팔달의 교통체계를 구축하였다. 도시의 중심축이 되는 간선도로는 기존의 385호 지방도 노선을 근간으로 하면서 용인수지와 연결되도록 남북방향으로 건설하였다. 분당신도시와 서울시를 연결하는 도시고속도로는 도시중심축으로 유입되는 것을 피할 수 있도록 도시외곽 경계부를 따라 건설하였다. 자연과 조화된 도시경관을 만들기 위하여 도시의 동남쪽 산지로부터 이어지는 중앙공원에 이르는 축과 도시를 남북으로 관통하는 탄천의 수경축 등 2개축을 근간으로 녹지축과 생태계를 보전하였다.

분당신도시는 2009년 입주가 완료된 2기 신도시인 판교신도시 밀려 있었다. 그러나 신도시 조성 초기에 입주한 단지들을 중심으로 재건축 가능 연한 30년이 다가오면서 재건축에 대한 기대감이 높아지고 있다. 또한 수도권 광역급행철도 GTX건설이 속도를 내면서 관심을 받고 있다. 그리고 높은 전세가율을 바탕으로 갭투자 수요가 몰려들고 있는 점도 분당의 인기를 느끼게 한다.

분당신도시의 관심은 1991년 첫 입주를 시작한 아파트가 향후 4~5년여 후면 재건축이 가능해 지면서 주거환경개선 기대감이 높아지고 있다. 그러나 재건축은 기존 단지 용적률이 180% 이하여야 사업성이 있는 것으로 알려지고 있다. 이러한 점 때문에 평균용적률 200% 안팎인 1기 신도시 아파트들은 재건축과 리모델링 사이에서 고민을 하였다. 이 때문에 2010년을 전후하여 정자동 한솔마을 5단지, 느티마을 3·4단지, 야탑동 매화마을 1단지, 구미동 무지개마을 4단지 등이 리모델링 사업을 검토한 적도 있다. 향후 1기 신도시들이 재건축사업을 선택할지, 아니면 리모델링사업을 선택할지는 수익성에 따라 결정될 것이다. 즉 2025년을 전후하여 분당 신도시의 재건축시장이 수익성이 높다. 재건축 사업으로 진행될 것이다. 그러나 수익성을 높일 만큼 충분한 용적률을 얻지 못하게 되면 재건축보다는 리모델링 쪽을 선택하게 될 것이다.

본격화된 교통망 확충 사업도 분당 집값을 끌어올리고 있다. 동탄~삼성~일산~파주 83.3㎞를 잇는 GTX 동탄~삼성 구간은 2017년 3월 착공에 들어갔다. 총 39.48㎞ 길이의 동탄~삼성 구간에는 동탄역·용인역·성남역·수서역·삼성역 등 5개역이 들어선다.

이 가운데 분당을 지나는 성남역은 경강선 판교역과 이매역 사이에 들어서 경강선과도 환승된다. 동탄~삼성 구간은 2021년 개통 예정이며, 개통이 되면 동탄에서 삼성역까지 19분 만에 갈 수 있다. 이동 시간이 지금보다 58분이나 단축된다. GTX 개통 최대 수혜지는 분당 이매동이며, 이 일대 아파트가격 상승세가 심상치 않다. 성남역과 바로 붙어 있는 이매동 아름마을 선경아파트 전용 84㎡형은 2017년 3월 6억 3,000만 원에 거래되었으나, 5월에는 7억 원에 거래 되었다. 집값이 두 달 사이 7,000만 원 가량 올랐다. 교통 호재를 보고 몰려드는 투자수요에 주택가격이 많이 올라 소형평형은 물건을 구하기 어렵다.

분당신도시

출처 : LH공사 홈페이지

한편 2017년 정부의 8·2대책으로 분당이 최고의 수혜지역으로 꼽히고 있다. 서울 전 지역이 투기과열지구로 묶이면서 대출규제, 청약규제, 재건축규제가 강화되자 상대적으로 규제가 적은 수도권 1기 신도신 중 분당으로 투자가 몰리고 있다. 소위 풍선효과로 수도권 신도시로 투기가 몰리자 정부는 9월 5일 후속조치로 경기도 성남시 분당구와 대구광역시 수성구를 투기과열지구로 추가로 지정하였다. 또한 인천 연수구와 부평구, 경기도 안양시 만안구와 동안구, 경기도 성남시 수정구와 중원구, 경기도 고양시 일산동구와 서구, 부산(조정대상지역 7개구·군, 서구) 등을 집중 모니터링 지역으로 지정하였다. 이들 지역은 시장 과열 우려가 크다고 판단되면 투기과열지구로 추가 지정한다는 계획이다.

분당신도시는 명문학군을 중심으로 지역별로 아파트 차별화가 심화될 것으로 보이며, 2021년 GTX 개통이 주변 부동산시장을 움직일 호재가 될 것이다.

특히, 입주 30년이 경과하는 시점인 2025년을 전후하여 재건축

바람이 불면서 부동산 시장이 출렁일 것으로 예상된다. 문제는 2025년 분당 재건축이 시작되는 시점에 부동산 시장이 살아있어야 된다는 전제가 붙는다. 분당 재건축 시점에 부동산 시장이 침체되어 재건축사업의 수익성이 떨어지게 되면 재건축보다는 리모델링 사업을 추진하게 될 것이다. 재건축은 추진 시점의 수익성에 따라 빨라지기도 하고, 늦춰지기도 하기 때문에 시장상황에 따라 유동적으로 움직인다고 보면 된다.

🏠 일산신도시

일산신도시는 당초 27만 6천명이 거주할 수 있도록 계획하였으나, 30만 명 이상이 거주하고 있다. 일산신도시의 인구는 행정구역인 고양시 전체 인구의 28% 정도이다. 인구구성은 30~40%가 많이 거주하면서 그들의 자녀인 10대 이하가 차지하는 비율이 높다. 일산신도시는 일산동구와 일산서구로 구분되어 있다.

일산동구는 장항2동, 마두1·2동, 백석 1·2동, 정발산동 등이 있고, 일산서구는 일산 1·2·3동, 주엽 1·2동, 대화동 등으로 구성되어 있다. 지하철 3호선이 신도시 중앙을 관통하고 하고 있으며, 대화역, 정발산역, 주엽역, 마두역 등 4개 전철역이 있다. 일산신도시의 특징 중의 하나는 호수공원과 한강조망에 가능한 아파트단지가 가격이 높다는 점이다.

일산신도시는 서울 북서방향으로 25km 반경 내에 위치하여 북쪽으로는 파주시를 거쳐 임진강으로 연결되고, 남쪽과 서쪽으로는 한강을 사이에 두고 김포시와 마주하고 있다. 동쪽으로는 원당, 지도, 화전을 거쳐 서울의 서북부지역과 연결되고 있다. 인근에 임진각, 판문점, 김포공항 등이 위치해 있으며, 주위가 대부분 수경경관과 녹지공간으로 이루어져 있어 전원적 환경을 갖고 있다. 일산신도시는 통일ㆍ외교ㆍ관광ㆍ문화 등 다양한 도시기능을 수용하고, 호수공원 등 충분 한 녹지공간을 확보하여 문화와 예술이 살아 숨 쉬는 인간과 자연이 조화된 전원도시로 개발되었다.

일산신도시는 개발면적 15,700천㎡ 규도에 주택 69,000세대, 27만 6천명이 거주할 수 있도록 건설되었다. 공동주택지의 용적률을 낮추고, 단독주택지를 많이 확보하고, 녹지공간을 충분히 확보하였다. 수도권 신도시 중 가장 낮은 1ha당 175명의 인구밀도를 유지하도록 하여 녹색의 자연환경 속에서 쾌적한 주거생활을 누릴 수 있도록 하였다. 또한 입주민들이 편리한 생활을 할 수 있도록 자족기능 확보를 위해 행정, 업무, 교육, 유통 등 각종 편익시설을 설치함으로써 도시기반시설 및 간선교통망과 함께 일산신도시의 유기적인 성장이 가능하도록 하였다. 그러나 일산신도시도 다른 1기 신도시처럼 베드타운으로 전락하고 말았다.

교통망은 수도권 전체 교통망 개선에 부합하는 광역교통망을 개선하고, 서울시에 미치는 교통영향을 최소화하기 위하여 서울시와 접속하는 도로를 확충하였다. 주요 간선도로를 고속화하고, 교차로는 입체화시켜 교통소통의 원활화를 도모하였다. 이를 위하여 강북도로와 자유로 및 지방도 8개 노선을 신설 또는 확장하였다. 그리고 지하철 3호선을 연장하여 구파발~원당~화정~일산을 연결하여 복선전철로 건설하였다.

일산신도시에는 30~40대 인구와 그 자녀들인 10대가 많이 거주하고 있어 초중고 학생들의 비중이 높아 교육열이 높다. 향후 일산의 호재로는 2021년도 개통예정인 킨텍스~삼성간 GTX개통이다. 일산은 쾌적한 환경, 잘 갖추어진 편의시설, 교통인프라 구축으로 중산층이 살기 좋은 신도시이다. 그러나 서울에서 북서쪽으로 치우쳐 있어 강남과의 접근성이 떨어지는 약점이 있다.

또한 일산신도시보다 서울 접근성이 좋은 앞쪽에 삼송, 원흥 등 택지개발지구와 은평뉴타운이 건설되어 있는 점은 경쟁력 약화요인이 되고 있다.

수도권 1기 신도시 아파트 매매가격 (2017년 4월 기준)

(단위: 만원/3.3㎡)

연도	분당	평촌	일산
2013	1466	1204	1014
2014	1518	1255	1020
2015	1548	1390	1072
2016	1607	1423	1175
2017년	1614	1429	1180

출처 : 부동산 114

🔺 평촌신도시

평촌신도시의 계획인구는 16만 8천명이었으나, 14만 4천 명이 거주하고 있다. 30~40대 인구비중이 높고 10대 이하의 비율도 높아 학군에 대한 관심이 높은 것이 특징이다.

평촌신도시 거주자들은 자부심이 높아 주변에 새 아파트가 건설되어도 쉽게 이사하지 않는 특성이 있다.

　1기 신도시 중에서는 분당신도시에 비해 가격과 입지 경쟁력이 떨어지고 있지만 다른 1기 신도시보다는 경쟁력이 높다.

　2기 신도시 중에서도 판교신도시와 위례신도시를 제외하고는 경쟁력이 떨어지지 않는다. 다른 1기·2기 신도시보다 주거환경 및 대중교통 접근성이 좋아 경쟁력이 높다. 평촌신도시는 다양한 계층을 수용하는 신시가지 개발과 기존 도시구조와 연계와 보완 및 쾌적한 도시환경 조성이라는 목적으로 개발되었다.

　서울 도심에서 남쪽으로 20km지점에 부족한 주택의 대량공급과 안양시의 중심업무기능을 담당토록 건설되었다. 중심상업업무지역에 안양시청, 시의회, 교육청, 경찰서, 법원검찰청 등 공공기능을 유치하였다. 지하철 평촌역 인근에 석유센터, 국토개발연구원 등이 대거 입주함에 따라 행정타운으로 형성되었다. 범계역 인근은 대규모 쇼핑단지 및 은행, 보험, 농협 등이 입주하여 쇼핑 및 금융타운으로 발전하였다.

　기존 주거지와의 연계성 및 개발유형을 고려한 주거형태로 건설되었다. 중심상업 및 대중교통 수단과 인접한 중앙부는 고밀주거지, 외곽부는 중밀주거지로 배치하였다.

　주택유형별로 택지를 혼합하여 공동주택지에서 단일한 주택유형으로 대규모 단지가 형성되지 않도록 하고, 가능한 한 주택유형이 서로 다른 단지가 혼재하도록 하였다. 도심지 가까운 곳은 고층주거지를 배치하고, 거리가 먼 곳은 저층주거지가 입지하도록 건설하였다.

교통망은 간선도로가 지구 내를 동서로 통과하는 외곽순환고속도로와 연결되도록 하였다. 광역수도권 교통망의 조기착공으로 경수산업도로, 흥안로, 관악로 등 지역 간 도로를 확충하였다. 지하철 4호선 사당역과 금정역을 연결하는 전철노선이 서울 및 수도권 지역으로 접근성을 높였다. 공원녹지는 평촌신도시에 계획된 공원·녹지를 총괄하면 근린공원이 6개소, 어린이공원 25개소, 경관녹지 및 완충녹지가 16개소, 공공공지가 2개소 등 녹지확충에 심혈을 기울였다.

평촌신도시는 눈에 뛰는 개발호재가 없으며, 인근 과천의 공공기관들이 지방으로 이전하면서 첨단융복합단지로 개발될 것으로 기대를 모으고 있다. 또한 2024년 완공예정인 수도권 남부 횡단전철인 월곶~판교 복선전철 38.6km이 건설되면 부동산시장이 요동칠 것으로 보인다. 월곶~판교 복선전철은 월곶~시흥시청~KTX광명역~안양~인덕원~청계~판교로 수도권 남부를 횡단으로 연결하는 중요한 노선이 될 것이다.

뿐만 아니라 2021년 개통을 목표로 건설을 추진 중인 인덕원~수원 복선전철 개발도 평촌신도시 호재가 될 것이다. 평촌신도시는 과천시, 안양시, 의왕시에 둘러싸여 개발되면서 도시가 확장할 수 있는 공간이 부족한 것이 약점이다. 그러나 전철과 도로 등 대중교통 접근성이 뛰어나 전월세 수요와 매수수요가 꾸준하기 때문에 가격 등락이 심하지 않는 장점이 있다.

특히, 강남으로의 접근성이 좋고, 인근 안양과 수원 등으로 전출입이 편리해 근처에 직장을 가진 수요자라면 편리성이 높아 부담없이 거주할 수 있는 신도시이다.

월곶~판교 노선도

출처 : 국토부

🔺 산본신도시

　산본신도시의 계획인구는 16만 7천명 이었으나, 거주인구는 14만 7천명 정도로 군포시 인구 28만 8천명의 51%에 해당하고 있다. 30~50대 거주비율이 높고, 그 자녀들인 10~20대 인구비율도 높아 학군에 대한 관심이 높다. 지하철 4호선이 연결되고, 외곽순환고속도로와 국도가 연결되어 있어 대중교통접근성이 좋다. 산본신도시는 서울도심에서 남서쪽으로 25㎞에 위치하고 있으며, 동쪽으로는 의왕시, 서쪽 및 남쪽으로는 안산시와 수원시, 북쪽으로는 안양시와 접해있다. 동쪽의 모락산, 서북쪽의 수리산, 남쪽의 오봉산이 위치해 있는 분지유형의 도시로 주거지역과 경공업지역, 농촌지역으로 삼분화 되어있다. 산본신도시는 군포시 산본동, 금정동, 당동 및 안양시 안양동 일원이다.

산본신도시

출처 : 군포시정백서(2012)

공급된 주택 42,000세대 중 공동주택 41,400세대, 단독주택 600세대가 건설되어 다양한 주택유형이 공급되어 쇼셜믹스에 중점을 두었다. 공동주택을 유형별로 살펴보면 임대주택 20.0%, 국민주택 52.9%, 민영주택 27.1%로 구성되어 있다. 특히, 규모별로는 전용면적 60㎡ 이하 35.3%, 60~85㎡이하 37.6%, 85㎡ 초과 27.1%로 건설되어 무주택서민들이 내 집 마련 기회를 보다 많이 가질 수 있도록 배려하였다. 쾌적한 주거환경의 조성으로 수도권 배후거점도시로서 서울 및 근린지역의 인구분산에 기여하는 주요 위성도시로 부각되었다.

교통망은 기존시가지와 연계된 효과적인 간선도로망이 구축되어 있으며, 서울과 지방으로의 진출입이 편리하다. 동서로는 금정역을 분기점으로 과천선(사당~금정)과 안산선(금정~안산)이 운행되고 있다. 남북으로는 국도47호선과 경부선 철도(서울~수원간)가 운행되고 있어 도심을 십자형으로 교차하고 있다. 또한 국도1호선 및 신갈~안산간 고속도로의 인터체인지 진입이 용이하고 외곽 순환고속도로 산본IC가 신도시 북측에 위치해 있어 인천, 안산, 부천, 일산, 김포, 성남 등 인근 도시로 접근성이 매우 뛰어난 교통체계를 갖추고 있다.

공원녹지는 인근 수리산의 자연경관과 산림자원을 최대한 활용하여 녹지체계를 조성하였다. 지구 내 중심부의 임상이 양호한 산을 중앙공원으로 조성하였으며 도서관, 체육시설 등 공공시설을 배치하여 중앙공원 이용활성화를 도모하였다. 또한 전철 안산선 양측 구릉지는 전철소음방지 및 단지 경관을 살리기 위해 보존하였다. 어린이공원은 이용거리를 감안하여 근린 지구단위로 면적 1,500㎡ 이상 32개소의 총50,760㎡를 적정위치에 배치하였다.

산본신도시는 수리산에 둘러싸여 도시가 확장할 공간이 충분치 않고, 개발호재도 많지 않다. GTX금정역~의정부 노선이 계획되었으나 사업성 부족으로 추진이 어려워지면서 동력을 상실한 상태이다. 산본신도시 아파트는 소형평형이 많아 어린 자녀가 있는 신혼부부가 많이 거주하고 있다.

2017년 9월 현재 산본신도시 아파트의 3.3㎡당 평균매매가는 1,200~1,300만 원 수준이다. 평균전세가는 1,000만 원 수준이다. 산본신도시는 분당, 평촌, 일산 등 다른 수도권 1기 신도시에 비해 매매가격과 전세가격이 저렴하여 30~40대 젊은 층들에게 인기가 높다. 특별한 개발호재와 도시의 확장가능성이 높지 않기 때문에 실거주자들이 관심을 가지면 좋은 신도시이다.

🏠 중동신도시

중동신도시의 계획인구는 16만 5천 명이었으나, 거주인구는 14만 2천 명 정도이다. 2012년 7월 지하철 7호선이 개통되면서 서울로의 접근성이 높아지면서 부동산시장이 출렁였다. 중동신도시는 서울과 인천의 중간이 입지하고 있어 매매수요와 전세수요가 꾸준하다. 현대백화점, 롯데백화점, 이마트, 뉴코아, 세이브존 등이 있는 부천시청역과 상동역 인근에 대형 상권이 형성되어 있다.

중동신도시는 서울 중심부로부터 남서쪽 20km 정도에 위치하며, 북측으로는 경인고속도로가 지나가고, 남측으로는 경인전철과 접하는 등 서울 및 인천방향으로의 교통이 편리한 곳이다. 개발 전 동측 및 남측은 저밀도 주거지역 및 소규모 상업시설이 주로 위치하며, 북동측은 소규모 공장과 노후 주거지가 혼재하였다.

교통망은 인천과 서울 등 주변을 연결하는 경인전철, 경인고속도로를 축으로 남북으로 연결하였다. 남북간 간선도로와 기존 시가지로부터 연결되는 동서간선도로를 기본 축으로 격자형으로 건설되었다. 기존 도심으로부터 연계성장축 형성을 유도하기 위하여 지구의 지리적 중심을 이루는 동서간 50m 광로변 및 남북간 25m 대로변에 중심지구를 배치하였다. 신도시 중심부에 오픈스페이스를 도입하고, 중심지역 및 주거지간의 녹지연결체계로 건설되었다.

주택은 기존 주거지와 연계를 고려한 형태로 건설되었다. 주거지는 밀도의 수준에 따라 단독주택 위주의 저밀도, 공동주택 위주의 중·고밀도로 구분하여 건설하였다. 중심상업지 및 간선도로변 주거지는 지가, 개발잠재력, 토지이용제고 측면에서 고밀도로 유도하였다.

중동신도시

출처 : 부천시

공동주택지는 임대와 분양을 위한 용지로 나누고, 분양주택은 다시 국민주택규모와 국민주택규모 초과용지로 구분하여, 임대 6,925세대, 국민주택규모 25,971세대, 국민주택규모 초과 7,583세대를 공급하였다. 공원녹지는 빈약한 경관요소를 보강할 수 있는 공원, 녹지 등의 인공요소를 확보하였다. 중심녹지축으로 부터 공원, 학교, 주거지 등과 연결체계를 구축하였다. 그리고 공원을 지구 중심부에 확보하여 신도시의 특성을 상징하는 공원으로 조성하였다. 근린공원은 지구의 중심이 되는 곳에 학교와 인접하여 12개소를 적정 배치하였으며, 각 근린주구에 21개의 어린이 공원을 배치하였다.

2017년 9월 현재 중동신도시 아파트의 3.3㎡당 평균매매가는 1,200~1,400만 원 수준이며, 평균전세가는 900~1,000만 원 수준이다. 인근에 상동지구, 삼산택지개발지구 등이 개발되면서 거대한 메트로폴리스를 형성하고 있다. 7호선 연장이라는 호재이후 뚜렷한 호재가 없지만, 중산층의 유입이 꾸준하다.

3

2기 신도시는 왜 건설되었나?

　수도권 2기 신도시 중 동탄1신도시, 판교신도시, 위례신도시는 서울 강남지역의 주택수요 대체와 기능을 분담하기 위해 건설되었다. 한강신도시, 운정신도시, 검단신도시는 서울 강서지역과 강북지역의 주택수요 대체와 성장거점기능을 분담하기 위해 건설되었다. 그리고 광교신도시는 수도권 남부의 첨단·행정기능, 옥정신도시는 경기북부, 고덕신도시는 경기남부의 안정적 택지공급과 거점기능을 분담하기 위해 건설되었다. 2기 신도시는 서울 등 주변지역과의 교통체계 구축 및 쾌적한 주거환경과 자족기능을 갖추고, 주거안정에 기여하게 될 것으로 전망되고 있다.

　첫째, 동탄1신도시는 2기 신도시 가운데 가장 먼저 2003년부터 개발이 추진되었다. 1기 신도시 건설로 주택시장이 안정을 찾아가다가 1997년 외환위기를 겪으면서 공급이 급격하게 줄면서 시장이 불안해지자 개발을 본격화하였다. 동탄1신도시는 1기 신도시 과정에 나타난 자족문제를 보완하기 위해 삼성전자와 화성일반산업단지 인근에 신도시를 건설한 것이 특징이다.

　둘째, 판교신도시는 건축제한 해제에 따라 개발 잠재력이 높은 판교지역에 대한 난개발 방지 차원에서 검토되었다. 수도권지역의 주택수요 분산 및 주택시장 안정과 더불어 다양한 고품격 주택유형을 제시하고자 건설되었다. 우리나라 주거문화를 한 단계 도약시키고, 토지의 재창조 등을 통한 부동산의 경제적인 부가가치를 창출한다는 목표로 개발되었다. 또한 광역교통망 등의 다양한 인프라 구축으로 수도권 공간구조 재편 및 서울 생활권의 과밀억제 등을 통해 국민 삶의 질 향상에 기여한다는 목적이었다.

셋째, 광교신도시는 수원 구시가지의 도시기능 재배치와 첨단지식기반산업 위주의 자족형 복합도시를 조성한다는 목적으로 개발되었다. 난개발을 사전에 차단하고, 주변 지역의 교통체계 개선 및 중심생활권 기능을 유지한다는 목표였다. 수도권 남부지역의 계획적이고, 체계적인 재정비를 통한 균형개발과 서울에 집중되어 있는 주택수요 분산에 기여 하고자 건설되었다.

넷째, 위례신도시는 서민주거안정과 부동산 투기억제를 위해 발표된 2005년 정부의 8·31 부동산대책의 일환으로 건설되었다. 강남지역의 주택부족, 특히 중대형 주택부족으로 인한 주택시장 불안을 근본적으로 해소하기 위하여 강남지역과 근거리에 위례신도시 개발을 추진하게 되었다.

다섯째, 한강신도시는 1998년 도농통합시로 승격된 김포시의 균형적이고 체계적인 발전을 위해 건설되었다. 대규모 계획적 개발을 통해 수도권 서북부지역의 균형발전을 위한 개발거점을 확보하는 동시에 기반시설 확충 및 주택공급을 통해 시장안정에 기여하고자 하였다.

여섯째, 운정신도시는 수도권 서북부의 중심지역으로 개발압력이 가중되자 부족한 주택을 공급하기 위해 개발되었다. 경기 서북부지역 활성화 및 통일시대를 대비한 남북교류의 거점육성을 위한 목적으로 건설되었다.

일곱째, 옥정신도시는 2005년 8·31 부동산 대책과 관련하여 수도권 북부지역의 주거수요에 효율적으로 대처해 주택가격의 안정을 도모하자 건설되었다. 옥정신도시의 계획적 개발을 통해 난개발을 방지하고자 하였다.

여덟째, 검단신도시는 수도권의 균형개발을 도모하고, 수도권 서북부지역의 거점도시로써 도시공간을 조성하고, 난개발방지를 위해 건설되었다. 2005년 8·31 부동산 대책에 따른 수도권 주택난 해소 및 환경친화적 주택수급을 위해 건설을 추진하게 되었다.

아홉째, 고덕신도시는 미군기지 재배치 및 이전계획에 따라 평택지역의 발전을 촉진하고 외국인과 공존·발전할 수 있는 글로벌 신도시를 목표로 건설되었다. 2005년 8·31 부동산 대책과 관련하여 수도권 남부지역의 안정적인 택지공급에 기여하고, 아산만권 대규모 산업단지 조성과 평택항 활성화에 따른 개발압력의 효율적 수용으로 양호한 생활기반을 조성하기 위해 개발이 추진되었다.

열번째, 동탄2신도시는 첨단산업과 주거·교육·문화·비즈니스 기능이 조화된 자족적 중핵 거점도시 조성과 수도권 남부의 주택수요를 흡수하여 주택시장 안정화에 기여하고자 건설되었다. 동탄1신도시를 비롯한 인접시가지와 지역 간 효율성을 높이고자 광역간선망 구축과 대중교통체계를 확립하였다.

수도권 2기 신도시

구분	성남 판교	화성 동탄1	화성 동탄2	김포 한강	파주 운정	수원 광교	양주 옥정	송파 위례	평택 고덕	인천 검단
위치	경기 성남 일원	경기 화성 일원	경기 화성 일원	경기 김포 일원	경기 파주 일원	경기 수원 용인 일원	경기 양주 일원	송파, 성남, 하남 일원	경기 평택 고덕 일원	인천 서구 일원
부지면적 (㎢)	8.9	9.0	24.0	11.7	16.5	11.3	11.5	6.8	13.4	18.1
주택건설 (천호)	29.3	40.9	115.3	60.3	86.4	31.1	60.2	43.6	58.3	92.0
수용인구 (천인)	88	124	286	167	213	78	168	109	144	230

출처 : 국토부

1기 · 2기 신도시 위치도

출처 : 국토부

4
2기 신도시 경쟁력

🏠 동탄1신도시

동탄1신도시는 경기도 화성시 태안읍 반월리, 농리, 병점리, 기산리 및 동탄면 석우리, 반송리, 금곡리, 영천리, 청계리, 오산리 등 9,035천㎡ 규모로 건설되었다.

사업기간은 2001년~2015년이며, 41,300세대, 12만 6천 명이 거주하는 신도시를 만든다는 계획이었다. 개발 목적은 자족도시로의 역할수행과 더불어 자연과 함께하는 전원 속의 첨단산업도시로 조성한다는 것이었다. 자연과 조화를 이루며 개성이 넘치는 중·저밀도의 친환경주거단지를 조성하고, 수도권 남부지역의 난개발을 방지하고 계획적 개발을 유도할 거점도시를 건설한다는 것이었다.

서울로부터 약 40km에 위치한 동탄1 신도시는 북쪽으로 수원과 접하며, 동쪽으로는 용인시 서쪽으로는 화성시, 남쪽으로는 오산시와 접하고 있다. 수도권 서남부의 거점도시로서의 성장 잠재력을 가지고 있다. 개발지구로 지정된 903.6㏊의 87%가 임야와

전·답으로 구성되어 있으며, 오산천이 지구 동측에 접하여 남북으로 흐르고 있는 비교적 평탄한 지형에 농경지와 공장이 산발적으로 분포되어 있다. 개발 전인 2001년 약 500여개 중소규모 업체가 도로변에 난립하여 임상지와 농지의 훼손이 심각하고 경작환경이 악화되는 등 준농림지역의 무분별한 단위개발이 만연되었다.

40,000세대의 주택을 공급하여 쾌적한 도시환경조성을 위해 30%의 주택용지로 계획되었으며, 이중 76%가 공동주택으로 공급되었다. 전국을 연결하는 고속도로 4개와 수원·용인·안산과 연결되는 국도, 국지도, 지방도 8개 등 총 12개의 도로로 접근성을 높였다. 또한 주 경관인 반석산을 중심으로 기존 구릉지형을 살린 십자형 공원녹지축을 형성하고, 각 공원의 기능과 상징성을 부각하여 역사, 문화, 지역성을 공원에 적용하였다.

중앙공원을 중심으로 각 공원마다 다양한 주제를 도입하여 공간의 명칭을 부여하고 해당되는 시설을 입지함으로써 전통과 미래가 공존하게 하였다. 총 연장 2.1km의 센트럴파크를 중심으로 생태공원, 레포츠공원, 미래첨단산업의 이미지를 담은 도시공간을 차별화 하였다. 전 지역이 보행자 도로와 자전거로 연결이 가능한 완벽한 보행네트워크를 구축하였다.

동탄1신도시 현재 인구는 약 13만 4천 명 정도이며, 이는 화성시 전체 인구의 23.4%를 차지하고 있다. 주변에 삼성전자와 계열사 및 일산업단지가 많은 관계로 30~40대 인구가 많은 편이다. 특히, 30대 인구가 많아 그들의 자녀인 10세 이하의 인구가 많은 특징이 있다.

동탄1신도시 시범단지 아파트의 경우 2006년 분양당시 3.3㎡당

750만 원 이었던 것이 한때 1,200만 원을 넘겼다가 가격조정을 받아 최근에는 1,100만 원 수준을 유지하고 있다. 인근에 동탄2신도시가 건설되면서 기존 동탄1신도시 주민들이 갈아타기 수요가 증가하고, 신규 아파트에 대한 수요가 증가하여 상대적으로 관심도가 떨어졌다. 그러나 동탄1신도시는 동탄2신도시와 함께 가야할 운명이다. 수서~평택 STR개통으로 두 신도시가 함께 영향을 받았고, 향후 건설예정인 GTX역 개통도 같이 영향을 받을 것이다.

동탄1 신도시

출처 : 국토부

판교신도시

판교신도시는 경기도 성남시 분당구 판교동, 하산운동, 운중동, 삼평동, 백현동, 이매동, 야탑동, 서현동, 수내동 및 수정구 사송동, 금토동 일원에 9,294천㎡ 규모로 건설되었다.

사업기간은 2003년~2009년이며, 29,263세대, 87,700명이 거주하는 신도시를 만든다는 계획이었다.

성남시의 지역발전 및 중심성을 확보할 수 있는 도시공간구조를 마련하기 위한 친환경적 도시환경 조성으로 성남시의 발전을 도모한다는 것이 개발목적이다. 이를 위해 자족도시로서의 기능수행과 분당지역의 중심상업지역과 연계한 역세권 개발전략을 마련하고, 주변현황을 고려하고 다양한 주택수요에 부응하는 환경친화적 주거단지를 개발한다는 것이었다.

판교신도시는 서울도심과 20km, 강남과 10km거리에 위치하고 성남의 신시가지인 분당과 인접하여, 수도권 동남부지역의 중심지역으로서 성장 가능한 지리적 장점을 가지고 있다.

70% 이상이 임야와 전답이며, 하천과 농경지가 어우러진 공간으로 임야가 적절히 분포되어 있다. 약 30,000세대의 주택을 공급하는데 70%가 공동주택으로 공급되었다.

출처 : 국토부

공동주택용지의 30%는 임대주택이며, 고속도로 서측은 중저층이 배치되고, 분당과 인접한 동측은 중고층 주택이 배치되었다. 또한 경관이 양호한 구릉지역은 블록형 단독주택지를 조성하여 자연순응형 단지가 되도록 하였다. 주택은 보존지인 임야의 조망이 가능하도록 밀도계획을 통해 단지 내 쾌적성을 제고시켰다.

판교신도시의 교통망은 6개의 도로와 2개의 철도로 구성되었다. 전국을 연결하는 고속도로 1개와 용인과 성남을 서울과 연결시켜 주는 4개의 도로, 의왕·안양을 연결하는 1개의 도로에 의해 광역 교통량을 처리하였다. 서울과 연결되는 신분당선, 경기동부지역을 연결하는 성남~여주선 전철로 도시간 연결을 강화하였다.

판교시도시 건설로 가중될 교통량은 국지도 23호선 확장, 판교~헌릉로간의 도로와 영덕~양재간 도로의 신설, 판교IC의 개선, 국지도 57호선의 대체도로 개설로 처리하였다. 또한 대중교통 접근성을 위해 신분당선과 성남~여주선을 건설하였다.

현재 판교신도시 인구는 약 9만 7천 명 정도이며, 30~50대의 인구비율이 높고, 그들의 자녀인 10대 이하의 비율도 높다. 판교인구의 상당수가 인근 분당신도시 거주자라는 점에서 교육에 대한 관심이 높다.

판교신도시의 호재는 2021년 완공예정인 동탄~삼성 구간 GTX 개통이다. 총 39.48km 길이의 동탄~삼성 구간 중 인근 성남역은 경강선 판교역과 이매역 사이에 들어서 경강선과도 환승된다. 또한 2024년 월곶~판교간 복선전철 노선이 완공되면 큰 호재로 작용할 것이다.

월곶~판교간 노선이 완공되면, 이미 개통된 판교~여주선과 연결되어 동서남북으로 연결되는 전철망을 구축하게 될 것이다. 뿐만 아니라 판교신도시는 판교테크노벨리가 입주하고 있어 자족성이 높고, 젊은 층이 일자리를 찾아 몰려들고 있어 젊은 도시로 활력을 유지해 갈 것이다.

🏠 광교신도시

광교신도시는 경기도 수원시 이의동 및 용인시 상현동 일원에 11,300천㎡ 규모로 건설되었다. 사업기간은 2005년~2015년이며, 31,100세대, 77,800명이 거주하는 신도시를 만든다는 계획이었다. 광교신도시는 서울도심과 35km, 강남과 25km 거리에 위치하며, 수원 동북부와 용인 서북부에 위치한 수도권 남부 도시발전축의 중심지역으로서 성장 가능한 지리적인 장점을 가지고 있다.

광교산 자락에 남북으로 입지하고 있어 환경 친화적이고 쾌적한 주거단지 조성에 최적의 조건을 갖추고 있다. 광교를 중심으로 영동고속도로, 국도 43호선이 통과하고, 동측으로 경부고속도로가 통과하고 있다. 서측으로 국도 1호선 및 남측으로 국도 42호선이 통과하고 있어 인접 주요 도시간의 접근성이 양호하다.

광교신도시에는 약 20,000세대의 주택이 건설되었다. 전체 주택건설용지의 54%는 공동주택용지로 공급되었고, 공동주택용지 40%는 임대주택용지로 공급되었다. 영동고속도로 북측은 단독주택지를 집중 배치하고, 남측은 중고층 공동주택지를 배치하였다. 경관이 양호한 광교산 자락은 블록형 단독주택단지를 조성하여 자연친화형 주택단지가 되도록 하였다. 공동주택 및 단독주택 등은 주변의 자연경관의 조망이 가능하도록 배치함으로써 신도시의 환경성과 쾌적성을 제고시켰다.

교통망은 남북방향의 경부고속도로와 3개 간선도로, 2개 철도 및 동서방향의 영동고속도로와 2개 간선도로로 구성되었다. 전국을 연결하는 경부고속도로, 수원과 안양을 서울과 연결하는 국도 1호선, 의왕~과천간 도로, 영덕~양재간 도로 및 국지도 23호와 동서방향으로 국도 42, 43호선에 의해 광역교통체계를 구성하였다. 서울과 연결되는 국철 및 신분당선 연장, 경기~인천지역을 연결하는 수인선 전철에 의해 동서남북간 철도망을 구축하였다. 신도시 개발로 발생하는 교통량은 주요 간선도로의 신증설 및 전철 개통으로 처리하였다.

광교신도시 현재 인구는 약 11만명을 넘었으며 수원시 전체인구 중 약 10%를 차지하고 있다. 인구구성의 특징은 30대가 20%, 40대가 20%를 차지하고 있어 30~40대 젊은 세대가 많은 것으로 분석되고 있다.

이는 광교테크노벨리에 IT, BT등에 종사하는 30~40대가 많이 유입된 것이 원인으로 보인다. 광교신도시에 공급된 약 2만 4천호의 약 80%가 아파트이고, 단독주택 8.4%, 주상복합 12.3%가 공급되어 아파트가 대량 공급된 것을 알 수 있다. 아파트 규모는 60~ 85㎡ 규모가 약 8,200세대인 33.8%, 85㎡ 초과 규모가 약 5,500세대인 22.8% 공급되어 중소형아파트의 공급비율이 높다.

광교신도시는 첨단산업단지와 행정기능이 어우러진 행정복합도시의 장점을 가지고 있다. 또한 외곽순환도로와 경부고속도로에 인접한 사통팔달의 입지에 건설되어 있다.

광교신도시

출처: 국토부

 서울과의 접근성을 높이기 위해 2016년 강남~광교신도시를 연결하는 신분당선 1단계노선이 개통되어 편리해 졌다. 향후 광교신도시~호매실로 이어지는 2단계, 강남~용산으로 이어지는 3단계 공사가 마무리되면 가격이 상승할 것으로 예상된다.

🏠 한강 신도시

한강신도시는 경기도 김포시 장기동, 운양동, 양촌면 일원에 11,729천㎡ 규모로 건설되었다. 사업기간은 2006년~2012년이며, 59,389세대, 165,145명이 거주하는 신도시를 만든다는 계획이었다. 김포시의 지역발전 및 도시공간구조를 재편하는 자족적 신도시 조성으로 김포시의 발전을 도모한다는 목적으로 건설되었다. 수요에 대응한 유형별, 규모별 택지공급으로 수도권 서북부지역의 안정적인 택지공급에 기여하고 각종 도시기반시설 및 자족기반이 겸비된 신도시를 조성한다는 것이었다. 주택용지는 지형 및 경관을 고려하여 배치하고, 상업용지와 업무용지는 경전철 역세권을 중심으로 상업지역에 배치하였다.

도시지원시설용지는 광역교통체계를 고려하여, 접근이 용이한 곳에 배치하였다. 김포시의 지역간 연계 및 도시간선망 역할을 담당하고 있는 국도48호선 우회도로와 이미 수립된 간선도로망 계획을 토대로 광역접근체계를 구축하였다.

한강신도시

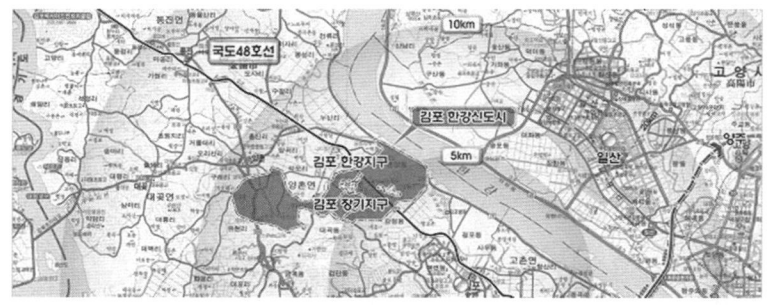

출처 : LH공사 홈페이지

한강축의 수변환경과 사업지구 주변의 자연환경을 연계하는 생태네트워크를 구축하고, 생태환경이 연계되는 주요 결절부에 공원시설을 만들어 차별화된 공간계획을 수립하였다. 공공 및 편익시설은 지역주민의 일상생활에 필요한 시설로서 교육·문화 등 필수시설뿐만 아니라 다양한 시설을 확보하여 차별화되고 있는 생활욕구에 부응하도록 하였다.

한강신도시는 서울도심과 약 26km 거리에 위치하고 있으며, 인천국제공항, 김포공항, 서울외곽순환고속도로 등이 인접하여 수도권 서북부 지역의 교통요충지로 성장하고 있다. 개발대상지의 약 70%가 농지와 임야로 구성되었으며, 국도 48호선 국도변과 지구 내 곳곳에 공장시설이 무질서하게 산재하였다. 전반적으로는 농경지와 구릉지로 형성되었다.

한강신도시는 2015년 초반까지 미분양으로 고전하였으나 2015년부터 전세가격 상승으로 부담을 느낀 30~40대가 중소형아파트를 매입하면서 숨통이 트였다.

한강신도시 계획인구 16만 5천 명 중 13만 6천명이 아파트에 입주할 것으로 예상된다. 공급아파트는 60~85㎡ 규모가 가장 많은 약 7만 세대, 다음으로 60㎡ 이하 3만 7천 세대가 될 것으로 보인다. 한강신도시 초창기에는 중대형이 주로 공급되면서 많은 미분양이 발생하였으나, 중소형으로 공급유형이 바뀌면서 분양열기를 높여가고 있다. 한강신도시 호재로는 2018년 김포공항역과 한강신도시간 김포도시철도 개통이다. 김포도시철도가 개통되면 서울과의 접근성이 좋아져 아파트가격 상승에도 영향을 줄 것으로 보인다.

🏠 운정신도시

운정신도시는 경기도 파주시 교하읍 동패, 목동, 야당, 당하 일원에 16,528천㎡ 규모로 건설되었다. 사업기간은 2003년~2014년이며, 87,282세대, 215,000명이 거주하는 신도시를 만든다는 계획이다. 수도권 지역의 주택난 완화 및 지방경제 활성화를 도모하고, 수도권 인구분산 및 도시정비에 기여한다는 것이다. 남북 간의 교류 활성화에 대비한 대북지원 사업의 배후지원 기능과 통일을 대비하여 급속한 인구 유입의 완충지대를 구축한다는 목적으로 개발되었다. 친수환경 생태도시, 복합문화 체험도시, 수도권 서북부 거점도시, 자족도시 기반구축, 첨단신도시 기반을 구축한다는 전략이 있다.

운정신도시는 서울도심에서 25km에 위치고 있으며, 고양의 신시가지인 일산과 인접하고 있다. 수도권을 연결하는 서울외곽순환도로가 근접하고 있어 인근 도시로의 접근성이 양호하며, 제2자유로, 56번국지도, 김포~관산간 도로가 건설되었다. 경의선 전철화 완료, 서울문산 간 고속도로 민자유치 등을 통하여 서울로의 접근이 향상되었다. 운정신도시에는 약 47,000세대의 주택이 건설되었으며, 쾌적한 도시환경조성을 위해 37%의 주택용지로 조성이 되었고, 이중 87%가 공동주택으로 건설되었다.

교통망은 6개의 도로와 1개의 철도에 의해 처리되었다. 수도권을 연결하는 고속도로 1개와 고양·파주를 서울과 연결시켜주는 3개의 도로, 김포와 고양을 연결하는 2개의 도로에 의해 광역교통망을 구성하였다. 서울과 연결되는 경의선 철도로 도시 간 접근성을 높였다.

운정신도시

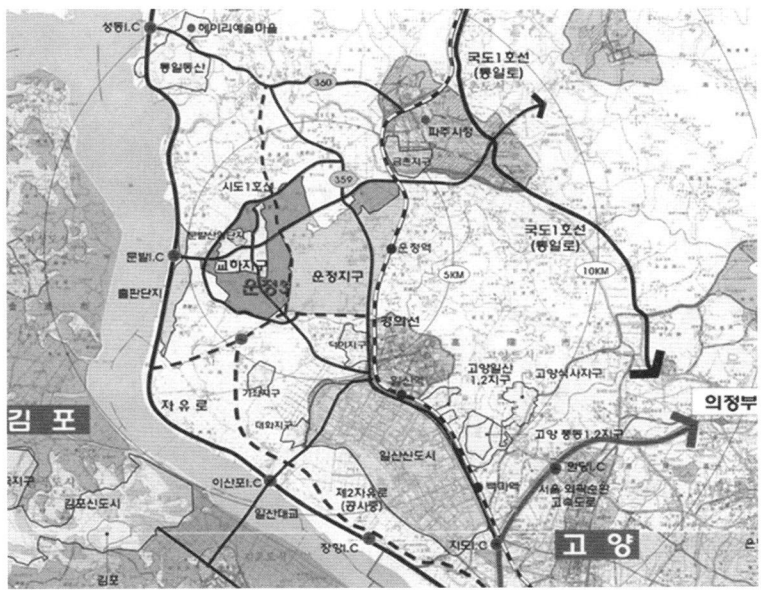

출처 : LH공사 홈페이지

운정신도시는 강남에서 북서쪽으로 너무 멀리 떨어져 있어 관심에서 멀어져 있다. 특히 앞쪽에 일산신도시, 삼송지구, 원흥지구, 은평뉴타운 등이 서울 쪽으로 입지하고 있어 투자를 하기에는 리스크가 있다. 일산신도시와 고양시 및 파주시 인근에 직장을 가진 실수요자라면 직주근접의 측면에서 고려해도 좋겠지만 가격상승은 기대하지 않는 것이 좋겠다. 향후 운정신도시의 호재는 3호선과 GTX연장이지만 완공까지는 넘어야 할 산이 많다.

🏠 옥정신도시

옥정신도시는 경기도 양주시 산북동 일원에 11,180천㎡ 규모로 건설되었다. 사업기간은 2007년~2014년이며, 58,3222세대, 163,320명이 거주하는 신도시를 만든다는 계획이었다. 수도권 동북부 거점도시 건설과 대중교통 중심의 환경친화적 생태도시로 건설한다는 것이다.

이를 위해 계획인구 규모를 감안하여 중생활권과 소생활권으로 구분하고, 소생활권 내 역사 및 상업지역은 지구중심과 커뮤니티중심으로 구분하였다. 상업지역 주변은 고밀·고층으로 배치하고, 남측에는 중·저밀 주택지를 배치하고, 동서 가로망체계 구축으로 고읍지구와 덕정지구를 연결하였다. 하천을 따라 녹색교통축에 커뮤니센터 및 학교 등의 공공편익시설을 집중 배치하고, 중심성과 이용성을 고려하여 생활권별로 공공청사를 분산 배치함으로써 편의성을 높였다.

옥정신도시는 서울중심부에서 30km, 의정부와 동두천의 중간지점에 입지하고 있다. 경원선 복선전철과 국도3호선 우회도로 등 광역교통망이 확충되고 있다. 서울~의정부~동두천을 포함하는 경원선 생활권의 중심에 입지하여 향후 경제, 사회, 문화, 행정, 교육활동 및 각종 서비스의 거점기능을 담당할 것으로 전망되었다.

주택은 주변 환경과 조화되도록 주택단지를 조성하고, 중저밀도의 환경친화적인 미래형 전원도시로 건설하여 도시적 편의성과 쾌적성을 조화시킨 도시를 계획하였다. 소득·연령이 상이한 계층들이 생활을 영위하는 사회적 혼합(Social Mix) 주거지를 형성하였다.

옥정신도시

출처 : LH공사 홈페이지

도시 간 교통망은 서측 인근으로 경원선 복선전철 및 국도3호선이 지나고 있고, 국도3호선 우회도로가 단지를 남북으로 통과하고 있다.

서울외곽순환도로와 연결되는 민자고속도로가 동두천까지 연결된다. 경원선 복선전철과 신도시를 연결하는 교통대책으로 연결도로를 신설하고, 신교통 수단으로 BRT 등을 도입함으로써 대중교통 시범도시를 조성하였다.

옥정신도시는 경기북부지역에 건설된 최초의 대규모 신도시라는 상징성이 있으나, 입지적으로 북쪽에 치우쳐 있고, 서울도심에서 너무 떨어져 관심을 받지 못하고 있다. 의정부, 동두천, 연천, 포천 등 경기북부지역에 근무하는 직장인 이라면 실수요 차원에서 매입을 고려해도 좋겠다. 그러나 가격은 크게 오를 것 같지 않기 때문에 투자보다는 실수요 개념으로 접근하는 것이 좋겠다.

🏠 위례신도시

위례신도시는 서울시 송파구 거여동, 장지동, 성남시 창곡동, 복정동, 하남시 학암동, 감이동 일원 6,773천㎡로 건설되었다. 사업기간은 2008년~2017년이며, 42,910세대, 107,275명이 거주하는 신도시를 만든다는 계획이었다. 2005년 8·31대책의 일환으로 '강남지역의 안정적 주택수급과 서민주택의 안정적 공급'이라는 정책목표를 달성하고자 미래지향적 주거도시 건설을 목적으로 개발되었다.

위례신도시는 서울시 동남권의 새로운 중심지역으로 성장 가능한 장점을 가지고 있다. 지구 내 동서방향으로 장지천과 창곡천이 흐르고 남한산성 도립공원이 지구 동측에 입지하는 등 양호한 자연환경을 지니고 있다. 개발대상지의 대부분이 평지 및 완만한 구릉지로 군 골프장과 시설이 다수 입지하고 있었다. 청량산 녹지축을 사업대상지 내로 끌어들일 수 있도록 소하천 주변을 녹지공간으로 계획하고, 이를 주거공간과 연결하였다.

위례신도시에는 약 4만 4천 세대의 양질의 주택을 공급할 수 있게 되어 주택시장 안정에 크게 기여할 것으로 기대되었다. 공급세대수의 42%를 중대형아파트로 배정하여 강남 수요를 흡수하고, 임대주택 32%를 배정하여 서민층의 주거안정을 도모하였다.

위례신도시는 서울외곽순환도로, 분당~수서간 고속화도로, 송파대로, 지하철 8호선, 분당선, 지하철 5호선 등과 인접하고 있다. 위례신도시는 강남과 주요 도시간의 접근성이 매우 뛰어난 교통의 요충지로서 강남대체 주거수요를 위한 주거단지 조성에 최적의 조건을 갖추고 있다.

위례신도시

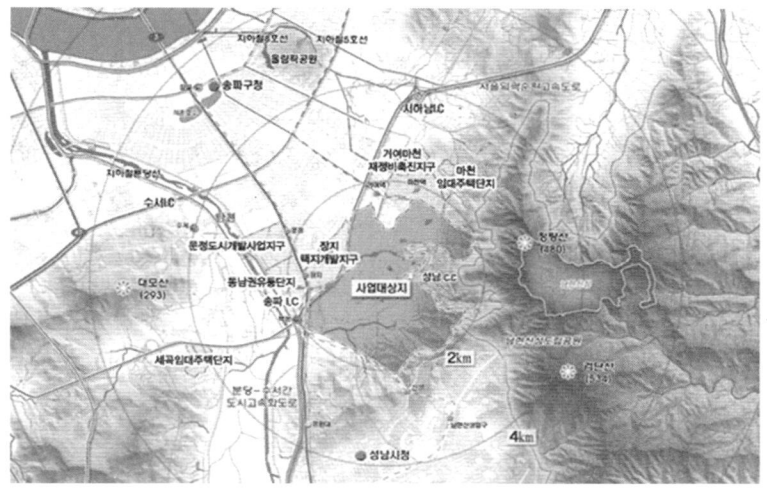

출처 : LH공사 홈페이지

　동남권 유통단지 등 인근 개발사업과 연계하여 동서남북의 교통 체계를 종합적으로 구축하였다. 송파IC 개선과 상습 정체지역인 복정사거리 종합개선방안을 수립하고, 내부 교통과 통과교통이 분리될 수 있도록 입체교통시설을 만들었다. 도로교통의 한계를 극복하고 대중교통이용 활성화를 위하여 위례신도시와 강남 신사를 연결하는 철도교통을 수립하였다. 또한 서울 도심과 연결하는 지하철 5호선과 8호선 연계를 위해 신교통시스템을 구축하였다.

　위례신도시는 서울 송파구, 성남시, 하남시 등 3개 지역에 걸쳐 건설된 행정복합신도시 이다. 수용인구 11만 5천명 중 약 10만 3천명이 아파트에 입주할 것으로 보인다. 약 42,245호의 아파트가 공급되었는데 송파지역 16,501, 성남지역 15,257, 하남지역 10,487호가 공급되었다. 전용면적 85㎡ 초과 아파트가 약 17,800호로 전체의 42%를 차지하고 있는 점이 중소형을 많이 공급하고 있는 다른 신도시와 차이점이다. 2013년 분양 초기에는 미분양으로 고전하였으나, 2015년 이후 시장이 살아나면서 대부분 분양을 완료하였다. 2011년 분양 초기 3.3㎢당 1,200~1,400만 원 대로 분양하였으나, 2015년에는 3.3㎢당 분양가격이 1,700~1,800만 원을 넘었다. 현재에는 3.3㎢당 2,000만 원 이상에 매매시세가 형성되어 있다.

위례신도시의 호재로는 2021년 개통 예정인 위례신사선이며, 이 노선이 개통되면 송파를 거쳐 강남으로의 접근성이 좋아져 가격상승에도 영향을 줄 것으로 기대된다. 또한 위례선이 2021년에 개통되면 8호선과 분당선 환승역인 복정역, 5호선 마천역과 연결되어 서울로의 접근성이 훨씬 좋아질 것이다. 위례신도시는 강남지역과 송파지역에 인접해 있고, 쾌적한 주거환경을 갖추고 있어 강남대체 신도시로 인정받고 있다. 따라서 향후 강남과 송파 지역의 부동산 시세를 따라 움직일 것이다. 지금까지 강남지역을 강남, 서초, 송파, 강동 4개구를 지칭하였다면, 앞으로 위례신도시를 포함하여 강남, 서초, 송파, 강동, 위례 5개 지역을 강남지역으로 부르게 될 것이다.

검단신도시

검단신도시는 인천시 서구 당하동, 마전동, 원당동, 불로동, 대곡동 일원 11,181천㎡ 규모로 건설되었다. 사업기간은 2009년~2015년이며, 70,800세대, 177,000명이 거주하는 신도시를 만든다는 계획이었다. 인천~김포~고양~서울을 연결하는 수도권 서부지역의 복합자족도시 조성을 통해 수도권의 균형발전 및 국민주거

생활의 안정과 복지향상에 기여한다는 목적으로 개발되었다. 복합행정타운, 중심업무, 도시서비스 기능 등이 어우러진 중심상업 및 업무복합단지 조성을 통한 자족신도시를 만든다는 구상이었다.

검단신도시는 서울도심에서 20km, 일산신도시에서 10km, 인천국제공항에서 20km지점에 위치하고 국도 48호선, 인천공항고속도로, 수도권외곽순환도로와 인접하고 있다. 서울, 인천, 김포를 잇는 삼각축 상의 중심에 위치한 광역교통의 요충지이다. 영세공장들이 산발적으로 입지하고 주변에 토지구획정리사업 등 개발사업이 이루어지고 있다.

검단신도시에는 총 74,736세대의 주택이 건설될 계획이었으며, 전체 주택건설용지의 9.7%는 단독주택용지, 87.7%는 공동주택용지, 2.6%는 주상복합용지로 계획되었다. 도로망은 인천광역시 지역 간 연계 및 도시간선망 역할을 담당하고 있는 국지도 98호선과, 제2외곽순환도로 등의 광역간선도로망 계획을 토대로 통과교통과 내부교통이 분리되도록 하였다. 주변지역과 검단신도시의 녹지공간이 연결되는 공원·녹지체계가 조성되도록 하여 도시민이 다양한 여가활동을 즐길 수 있도록 하였다.

검단신도시는 노무현 정부 때 공급확대 정책의 일환으로 강남대체 신도시를 만든다는 취지로 입지가 선정되어 개발이 추진되어 오다가 2008년 국제금융위기를 맞으며 개발규모가 축소되었다. 강남대체 신도시를 목표로 하였지만 입지, 주거환경, 대중교통 접근성 등을 감안 하였을 때 강남대체 신드시가 되기에는 부족하다. 인접하고 있는 한강신도시의 공급물량이 많아 한강신도시의 개발이 완료된 뒤에 관심을 받을 수 있을 것이다.

출처 : LH공사 홈페이지

 검단신도시의 호재로는 2024년을 목표로 추진 중인 인천지하철 1호선이 개통되어야 대중교통 접근성이 좋아져 매매가격에 영향을 줄 것이다. 또한 인근에 검단산업단지와 양촌산업단지를 포함하여 자족성을 높일 수 있는 첨단산업단지가 많이 입주할 수 있는 정책적 방안이 필요하다. 그리고 인근의 수도권개립지를 활용한 환경산업 및 레져스포츠산업 등의 특성화를 통한 새로운 산업과 일자리를 창출해야만 신도시의 가치를 높일 수 있을 것이다.

고덕신도시

고덕신도시는 경기도 평택시 서정동, 고덕면 일원 13,412천㎡ 규모로 건설되었다. 사업기간은 2008년~2020년이며, 54,499세대, 134,680명이 거주하는 신도시를 만든다는 계획이었다. 평택항을 중심으로 서해안시대 중국 전진기지 교두보 확보와 서울과 행정복합도시를 연결하는 거점도시를 육성한다는 목적으로 개발되었다. 또한 다국적 문화와 삶이 공존하고 발전할 수 있는 새로운 도시모델 정립, 수도권 남부 통합 중심도시 조성, 대내외 개발압력의 계획적 수용을 위한 광역생활 중심도시로 조성한다는 구상이었다.

고덕신도시는 서울에서 55km 지점에 위치하며, 수도권정비계획상 성장관리지역에 해당한다. 서측으로는 평택항과 경부고속철도, 동측으로는 경부고속도로, 경부선이 위치한다. 동서방향으로는 평택~음성간 고속도로가 위치해 수도권 남부의 교통 요충지에 위치하고 있다. 또한 신도시를 통과하는 국도 38호선, 지방도 302호선, 국도 1호선 및 국도 45호선이 지역 간 연결기능을 담당하고 있다.

국제화신도시라는 특성을 살릴 수 있도록 평택항 등 주요 거점 지역 및 주요 광역교통체계와의 연계성을 강화할 수 있도록 도시축을 형성하였다. 내부 간선가로망은 지역 간 접근성을 향상시키고 불필요한 통과교통은 배제하는 안전하고, 쾌적한 가로망으로 계획되었다. 또한 대중교통중심의 도로체계를 구축하기 위해 BRT 등 첨단대중교통시스템을 구축하여 환승센터 및 도시순환버스체계와 연계하며, 주민의 일상생활편의 및 레크리에이션을 위한 보행녹도 및 자전거 네트워크를 조성하였다. 그리고 대규모 국제업무단지와 행정타운을 조성하여 도시의 중심성을 강화하고 광역생활 중심기능이 배치되도록 하였다.

도시의 자족성 기능을 확보하기 위해 첨단지식연구단지 및 물류·유통 중심지를 조성하였다. 대중교통 접근성이 양호한 역세권과 간선가로변에 고밀의 공동주택단지를 배치하였다. 지구 외곽부에는 녹지축과 연계하여 저밀의 단독주택을 배치함으로써 주거환경의 쾌적성을 높였다.

고덕신도시는 약 5만 5천 세대의 주택이 공급되며, 전체 주택용지의 26.2%는 단독주택용지, 0.6%는 도시형생활주택, 73.2%는 공동주택용지로 공급된다. 중심상업 축에 주상복합용도를 배치함으로써 도시의 시각적 중심성을 강화하였다. 간선가로변에는 고밀의 공동주택단지, 외부에는 저밀의 단독주택 및 연립주택을 배치하여 도심으로부터 외곽까지 고층·중층·저층의 스카이라인이 형성되도록 계획하였다. 공동주택용지의 약 17.1%는 저소득층 및 중장기 체류 외국인을 위한 임대주택용지로 구성하여, 다양한 계층이 어울려 살도록 혼합 배치하였다.

평택~음성간 고속도로와 사업지구를 연결하는 IC를 신설하여 경부고속도로, 서해안고속도로와 연결되는 광역접근 도로체계를 구축하였다.

고덕신도시

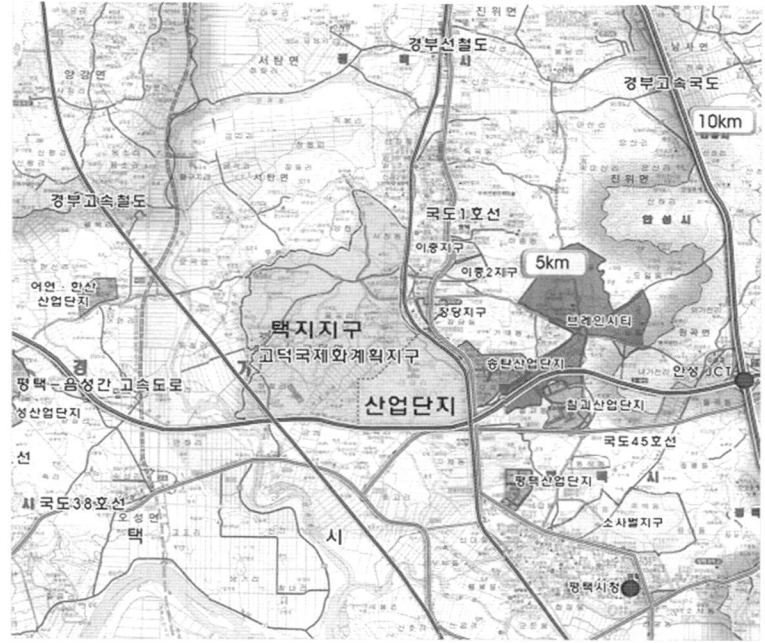

출처 : LH공사 홈페이지

　오산IC와 연결되는 국도1호선 대체 우회도로 등 지역간 간선도로를 신설하여 서울과 수도권 남부지역의 접근체계를 개선하였다. 사업지구 남측에 국도 38호선, 45호선과 연결되는 도로망을 계획하여 평택항, 평택 구도심, 안성 등 사업지구 주변의 주요지점을 연결하였다. 또한 대중교통이용을 활성화하기 위해 기존 서정리역 주변에 환승센터를 조성하고, 첨단대중교통인 BRT시스템을 도입하여 도시내부 순환버스체계와 연계 운영할 계획이다.

　고덕신도시는 미군기지 이전과 함께 국제화 신도시라는 이미지로 개발되고 있다. 또한 인근에 삼성단지와 LG단지 등 대기업들의 입주와 더불어 평택항을 중심으로 서해안 시대를 대비하는 거점 신도시로 발전하고 있다. 뿐만 아니라 수서~평택을 연결하는 SRT개통에 이어 GTX건설도 추진되고 있어 서울과 지방을 연결하는 핵심요지에 만들어진 미래지향적 신도시라고 할 수 있다. 그러나 인구와 산업의 입주보다 개발속도가 너무 앞서가고 있어 시차조정이 필요하다. 즉, 인구와 산업의 유입속도와 개발속도의 호흡을 맞추는 것이 필요하다. 평택지역의 호재로는 미군부대 이전과 대기업들의 입주 및 고덕신도시의 개발이 완료되는 2020년 이후 가치가 더욱 높아질 것으로 전망되고 있다.

동탄2신도시

동탄2신도시는 경기도 화성시 청계동 동탄면, 영천동, 오산동 일원 24,014천㎡ 규모로 건설되었다. 사업기간은 2008년~2015년이며, 111,413세대, 278,533명이 거주하는 신도시를 만든다는 계획이었다.

첨단산업과 주거·교육·문화·비즈니스 기능이 조화된 자족적 중핵 거점도시 조성과 수도권 남부 주택수요를 흡수하여 주택시장 안정화에 기여하는데 목적을 두었다. 자연지형에 순응하는 그린 및 블루네트워크를 구축함으로서 중·저밀도의 쾌적한 환경친화적인 신도시를 조성한다는 구상이었다. 또한 동탄1신도시를 비롯한 인접 시가지 및 지역 간 효율적인 광역간선망 구축과 대중교통체계를 확립하였다. 그리고 광역기능 수행을 위한 도시중심기능을 배치하고, 중심지 토지이용의 입체화·복합화를 유도하여 콤팩트시티를 조성하기로 하였다.

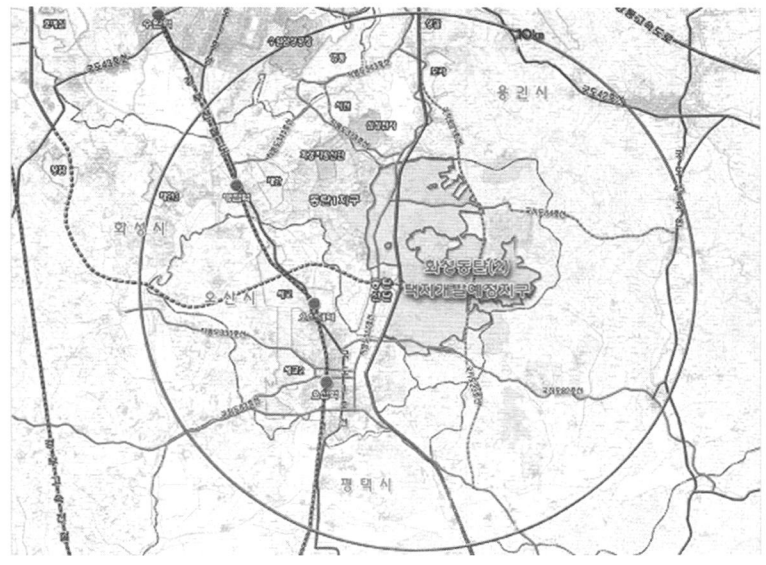

출처 : LH공사 홈페이지

뿐만아니라 다양한 유형의 자족기능과 사회적 통합을 이룰 수 있는 혼합적인 주거배치, 교육·문화·행정·공공·편익시설 등이 자족적으로 공급될 수 있는 미래 선도적 복합신도시를 조성한다는 것이다.

동탄2신도시는 계획보다 늦은 2019년 개발 완료를 목표로 첨단산업과 주거, 교육, 문화, 비즈니스기능이 조화된 자족적 신도시로 개발되고 있다. 기존의 삼성전자 기흥공장을 비롯하여 LG전자 3M, 바텍 등과 같은 핵심기업과 협력업체들이 인근에 입지해 있다. 또한 광역교통망인 SRT동탄역이 개통되면서 수서역까지 15분만에 주파하고 있다.

향후 개발 호재로는 2021년에 강남 삼성역을 20분 이내에 연결하는 GTX가 개통예정에 있다. 또한 인덕원~의왕~흥덕~동탄1신도시를 연결하는 인덕원~수원 복선철도 개통이 기다리고 있다. 2015년부터 입주를 시작한 동탄2신도시 입주가 완료되면 11만 2000여 가구, 28만 명을 수용하는 신도시가 된다. 인근 동탄1신도시 12만 명과 동탄2신도시 28만 명을 합하면 40만 명이 넘는 거대 신도시가 되면서 이 또한 호재로 작용할 것이다.

5
2기 신도시 일부지역 마이너스 프리미엄

2017년 9월 기준으로 경기 용인, 화성, 김포, 평택, 양주 지역은 대표적 공급과잉 지역으로 이들 지역에서는 분양가보다 낮은 마이너스 프리미엄 매물이 속속 등장하고 있다. 수도권 인기 택지지구인 동탄2신도시에선 역세권이나 중심가에 위치한 단지를 제외하고는 분양성적이 저조하거나 일부에서는 마이너스 프리미엄 매물이 증가하고 있다.

경기지역 입주물량 추이

※ 2017, 2018년은 입주 예정 물량
출처 : 부동산 114

2017년 12월 입주예정인 동탄2신도시 일부 아파트단지는 마이너스 프리미엄을 형성하고 있으며, 분양가 대비 최대 1,500만 원 싼 매물도 등장했다. 2017년 3월 입주한 일부 주택형에서 분양가보다 최대 1,000만 원 싼 매물이 나오고 있다.

또한 한강신도시에서도 일부 분양권 매물이 마이너스 프리미엄에 나오고 있으며, 고덕신도시에서도 마이너스 프리미엄 매물을 쉽게 찾아볼 수 있다. 그리고 옥정신도시에서는 일부 아파트 단지가 분양가대비 1,000만~2,000만 원 낮은 가격에 거래되고 있다.

최근 신규 공급이 쏟아진 지역 위주로 미분양과 분양권 가격이 하락하고 있는 가운데 앞으로 입주 물량이 많이 쏟아질 예정이어서 공급과잉에 대한 우려가 높아지고 있다.

한편, 동탄2신도시에 2015년 입주한 모 아파트의 경우 2016년 2분기 전용면적 84㎡ 전세는 3억 2,000만 원에 거래되었다. 그러나 2017년 6월 기준 3억 원까지 전세가격이 하락하다가 7월에는 2억 원대 후반 매물이 등장했다.

동탄2신도시에서 입주물량이 한꺼번에 쏟아지면서 전반적인 전세가격이 하락하고 있다. 입주를 앞두고 잔금을 치러야 하는 분양권 보유자들이 전세금을 낮춰 매물을 내놓으면서 일어난 현상이다.

더 큰 문제는 공급과잉으로 입주물량이 2018년까지 대기하고 있다는 점이다. 건설사들은 최근 2~3년간 분양시장 호황을 타고 신규물량을 대폭 늘려왔다.

동탄2신도시도 비슷한 시기에 등장한 분양이 단기간에 입주로 이어지고 있다. 부동산 114에 따르면 연도별 동탄2신도시 입주물량은 2015년 1만 6,535가구, 2016년 7,811가구, 2017년 1만 3,156가구(예정), 2018년 2만 1,982가구(예정)로 집계되어 있다. 전문가들은 동탄2신도시 공급과잉 분위기는 한동안 이어질 것으로 전망하고 있다. 입주가 이어지는데다가 추가 분양 단지까지 나오기 때문이다[9].

2기 신도시중 일부지역에서는 입주물량 증가로 분양가격보다 매매가격이 하락한 단지가 등장하고 있다.

실수요자 중 마이너스 프리미엄이 붙은 아파트 인근 거주자라면 이 기회를 놓치지 말고 내 집 마련에 나서는 것도 좋을 것이다. 다만, 직장과의 출퇴근 거리, 자녀들의 학군, 편의시설, 대중교통 접근성 등을 따져보고 매입해야 한다. 지금은 매매시세도 하락해 있고, 전세시세도 낮지만 2년 후 재계약 시점이 되면 시세를 회복할 것이다. 따라서 여유자금이 있는 투자자라면 마이너스 프리미엄이 붙은 매물을 싸게 사서 미래를 내다보고 장기 투자하는 것도 좋을 전략이다.

---

9) 김종윤, "입주폭탄엔 장사없죠"…동탄2,1년새 전셋값 10%↓, 뉴스1, 2017.07.25.

6
1·2기 신도시 장단점과 경쟁력

　1기와 2기 신도시는 입지적 특성과 개발호재 및 장기발전 가능성이 다르기 때문에 획일적 기준으로 평가하기는 어렵다. 각 신도시마다 직주근접이라는 직장과의 거리가 다르고, 생활편의시설과 쾌적한 주거환경에 대한 선호도가 다르기 때문이다.

　일반적으로 평가의 기준으로 삼고 있는 강남과의 접근성, 대중교통연계성, 입지적 장점, 선호도 등을 기준으로 평가해 보면 1기 신도시는 분당, 평촌, 일산 순서 일 것이다. 2기 신도시는 판교, 위례, 광교 순서이며, 기타 다른 신도시들은 여러 가지 상황이 복합적으로 작용하고 있어 평가하기 쉽지 않다.

　그렇다면 1기 신도시와 2기 신도시 및 최근 개발된 택지개발지구 전체를 기준으로 투자가치를 매긴다면 어떨까?

　마찬가지로 여러 가지 상황이 다르고, 택지개발지구는 규모도 신도시보다 적어 획일적으로 평가하기에는 무리가 있다. 1기 신도시는 입주 30년이 다가오면서 건축물이 낡았지만, 반대로 재건축 기대감도 있다. 2기 신도시는 입주 중이거나 건설 중인 곳도 있다.

이처럼 노후도, 개발규모, 입지적 특성, 대중교통연계성 등을 무시하고 일반적인 선호도를 기준으로 수도권 전체의 신도시와 최근 개발된 택지개발지구를 평가해 보면 판교, 위례, 광교, 분당, 평촌 순서로 추천하고 싶다.

첫째 판교신도시의 경우 2기 신도시 중 선두주자로서 강남과 접근성이 가장 좋고, 대중교통 접근성 및 벤처단지 배치를 통한 자족성을 갖춘 것을 높게 평가할 수 있다. 특히 최근에 건설되어 신축건물이 많고 도시기반시설이 잘 갖추어져 있어 살기에 편리하다. 강남으로 이어지는 신분당선과 경기 동부지역을 연결하는 성남~여주선이 교차하고 있어 서울과 지방으로 전출입이 자유롭다.

둘째, 위례신도시는 강남과 송파 동쪽에 입지하면서 강남 대체 신도시 기능을 담당할 것으로 전망된다. 강남과 송파지역 접근성이 높고, 쾌적한 주거환경을 갖추고 있으며, 인근 광주와 용인으로의 진출입이 좋아 발전가능성이 높다. 지금까지 강남지역이라고 하면 강남, 서초, 송파, 강동 4개 지역을 지칭하였으나, 향후 위례신도시까지 포함하여 5개 지역으로 확대될 것이다.

셋째, 광교신도시는 판교신도시와 분당신도시 인근에 입지하면서 대중교통 접근성과 입지적 장점을 갖추고 있다. 판교신도시와 분당신도시와 함께 삼각 축을 형성하면서 상호보완적 관계를 통해 규모의 경제를 이루어 갈 것이다. 경기도청을 비롯하여 첨단기업 및 연구단지가 많이 입지하여 자족성 높은 행정복합도시로 발전해 갈 것이다.

넷째, 분당신도시의 경우 낡은 신도시라는 단점이 있으나, 향후 재건축이 기대되면서 제2의 전성기를 누릴 수 있을 것이다. 2025

년 전후로 재건축을 통해 도시가 새롭게 정비되면 판교와 라이벌관계이면서도 동반자 관계를 유지하면서 상생적 발전을 이어갈 것이다.

다섯째, 평촌신도시의 경우에도 입주 25년이 지나면서 낡은 도시라는 인식이 있지만 서울과 과천, 안양으로 이어지는 복합 업무 라인에 입지하고 있어 투자매력은 꾸준할 것이다. 특히 과천종합청사가 지방으로 이전하면서 융·복합기능을 갖춘 첨단연구단지로 탈바꿈하고 있어 인접한 평촌신도시에 대한 수요는 계속될 것이다. 기타 국제글로벌 도시로 거듭나고 있는 고덕신도시는 장기적 관점에서 투자를 고려해 보면 좋을 것이다.

지금까지 15곳의 1기·2기 신도시 중 투가 가치가 높은 5곳을 선정하고 그 이유를 알아보았다. 판교, 위례, 광교, 분당, 평촌 순서로 추천한 근거는 강남과의 접근성과 발전가능성을 바탕으로 평가하였다. 우리나라 수도권 신도시는 앞에서도 지적했듯이 베드타운으로 건설되어 자족성이 부족하여 모도시 의존성이 높을 수밖에 없다.

따라서 일자리와 업무시설이 밀집되어 있는 강남과의 접근성이 투자성을 평가하는 기준이 될 수밖에 없다. 강남과의 접근성 이외의 기준으로는 서울과 지방으로의 대중교통 편리성을 또 하나의 기준으로 봐야 한다. 일자리 창출과 관계 깊은 산업과 업무단지가 밀집된 경부 축이 중요하기 때문에 판교, 위례, 광교, 분당, 평촌 순서로 평가하였다.

1기와 2기 신도시 장단점 비교

구분	신도시명	장점	단점	투자가치
1기 신도시	분당	거주인구 50만명 대규모와 강남과의 접근성	과밀과 노후화 및 광교개발	재개발에 대한 관심 증가
	평촌	중산층 주거지, 대중교통 접근성	발전공간 협소와 노후화	과천, 안양구도심 개발로 지속 발전
	일산	수도권 서북부 중산층 거주지, 주거환경 쾌적	인근에 택지개발지구 많고, 경부축에서 벗어남	파주, 고양 등 실수요자 투자
	산본	수도권 서남부 서민주거지, 대중교통 편리	발전공간 부족하고, 베드타운	안양, 군포, 의왕, 등 실수요자 투자
	중동	서울과 인천 중간지점에 위치, 대중교통 편리	자족성이 부족한 베드타운	부천, 인천, 서울 남서부 실수요자
2기 신도시	판교	강남에 가장 인접하고, 자족성 높음	발전공간 부족과 산업의 다양화 부족	신도시 중 투자가치 가장 좋음
	광교	분당과 판교 인접한 복합도시	판교와 분당에 비해 입지 불리	판교, 분당과 삼각축으로 발전가능
	위례	강남접근성이 뛰어나고, 쾌적한 주거환경	자족성이 부족한 베드타운	강남, 송파 대체 신도시로 발전가능
	동탄1	삼성전자와 공단이 밀집되어 자족성 높음	동탄2신도시 대규모 개발로 공급과잉	수원, 용인, 화성 등 실수요자 투자
	동탄2	동탄1신도시와 동반성장 가능	공급과잉에 따른 가격하락	수원, 용인, 화성 등 실수요자 투자
	고덕	국제신도시로 발전, 대기업 입주로 자족성 높음	유입 속도를 고려치 않은 과열투자	미래지향적 관점에서 투자

구분	신도시명	장점	단점	투자가치
	한강	김포경전철 개통에 따른 서울접근성 강화	강남권과 멀어 입지적으로 불리	김포, 수도권서부지역 실수요자
	검단	인천서부지역을 대표하는 신도시	접근성 불편하고, 입지적으로 불리	인천서부, 김포 등 실수요자 투자
	운정	수도권 서북부지역 신도시	분양가격 높고, 인근 택지개발지구 많음	파주, 고양 등 실수요자 투자
	옥정	수도권 북부지역 대표 신도시	서울 도심과 떨어져 있어 접근성 불리	의정부, 동두천 등 실수요자 투자

한편, 2016년 5월 서울경제신문이 부동산114에 의뢰해 수도권 신도시 13곳의 아파트가격을 분석한 결과 한강 이남에서는 판교 1위, 위례 2위로 1기 신도시인 분당과 평촌을 따돌린 것으로 조사되었다.

아울러 한강 이북에서는 고양 삼송지구가 대표적인 택지개발지구로 자리매김하고 있다. 한강이남 신도시의 경우 1기 신도시 노후화와 광역교통망 확충이 신도시 아파트가격 순위를 바꿔놓고 있다. 주택가격 상승을 주도한 1기 신도시인 분당과 평촌은 나란히 4~5위로 밀렸고 판교, 위례, 광교가 1~3위를 차지하였다.

가장 눈에 띄는 곳은 역시 판교이다. 3.3㎡당 매매가격이 4월 말 2,323만 원을 기록했다. 2013년 2월 2,124만 원에서 3년여 만에 9.3% 상승한 것이다. 판교의 경우 제2테크노밸리 조성 등 굵직한 개발 호재도 많은 곳이다.

2015년부터 본격 입주가 시작된 위례신도시도 기반시설 부족 등이 단점으로 꼽혔지만, 3.3㎡당 매매가격 1,900만 원대를 넘어섰다. 그 뒤를 이어 광교신도시가 1,700만 원대의 가격으로 3위를 유지하고 있다.

반면 분당과 평촌은 각각 4위와 5위를 기록했다. 아파트값 역시 분당은 3.3㎡당 1,555만 원, 평촌은 1,381만 원으로 판교와 위례보다 한참 뒤진다. 그 이면에는 광역교통망 확충 등이 크게 작용한 것으로 보인다.

한강 이남의 경우 1기 신도시가 노후한데다 광역교통망이 확충되면서 그에 따른 수혜가 판교와 광교 등에 집중되었다. 한강 이북 신도시는 서울 인근으로 이전하는 '역스프롤 현상'이 집값의 주요 재편 요인이 되고 있다.

한강 이북의 경우 1기 신도시인 일산보다 서울 접근성이 좋은 곳에서 2기 신도시들이 들어섰다. 1기 신도시 주민들이 서울과 더 가까운 신흥 아파트촌으로 옮긴 데 따른 것이다. 한강 이북에서 1위는 삼송지구로 3.3㎡당 매매가가 1,361만 원에 이른다. 한때 한강 이북을 대표한 일산신도시의 경우 1,065만 원선에 시세가 형성되어 있다. 서울과의 접근성이 집값의 주요 원인으로 작용하고 있다[10].

---

10) 이재유, '광역교통망·역스프롤이 수도권 신도시 집값 바꿨다', 서울경제, 2016.05.02

수도권 신도시 3.3㎡당 매매가격

(단위 : 만 원)

순서	신도시명	2013년도 2월	2016년도 5월
1	판교	2,124	2,323
2	위례	-	1,906
3	광교	-	1,742
4	분당	1,490	1,555
5	평촌	1,212	1,381
6	삼송	-	1,361
7	동탄	1,115	1,130
8	일산	1,041	1,065
9	산본	939	1,032
10	중동	980	1,020
11	한강	922	1,012
12	운정	1,004	938

출처 : 이재유, '광역교통망·역스프롤이 수도권 신도시 집값 바꿨다', 서울경제, 2016.05.02

 표에서 알 수 있듯이 수도권 신도시 3.3㎡당 매매가격 순서로 신도시의 가치를 매긴다면 판교, 위례, 광교, 분당, 평촌 순서가 될 것이다.

 특이한 점은 2013년도 매매가격에 비해 2016년도에 하락한 곳은 운정신도시 뿐이다. 신도시는 기반시설이 잘 갖추어진 계획도시이기 때문에 가격이 떨어지는 경우는 거의 없다. 운정시도시가 하락한 것은 입지도 나쁘고, 분양당시 문제가 되었던 고분양가 때문인 것으로 분석된다. 그러나 시간이 지나면 분양가를 회복할 것이다.

주의할 점은 단순히 아파트의 현재가치를 바탕으로 신도시 전체의 가치를 평가해서 안된다는 점이다. 아파트 가격은 현재가치뿐만 아니라 미래가치, 내재가치 등을 종합적 평가해야 한다. 또한 상품에 따라 가치가 다르고, 주변지역의 개발호재 등에 따라 가치가 달라진다. 그리고 일자리 창출이 가능한 자족성 확충 등이 동반될 경우 신도시의 가치는 언제든지 바뀔 수 있다.

3장

인천 신도시와 수도권 택지지구 경쟁력

1. 인천 신도시 3총사 ································ 123
2. 송도신도시 ······································· 126
3. 영종신도시 ······································· 131
4. 청라신도시 ······································· 135
5. 다산지구 ··· 139
6. 별내지구 ··· 142
7. 마곡지구 ··· 145
8. 삼송지구 ··· 150
9. 미사지구 ··· 153
10. 인천 신도시 및 수도권 택지지구 경쟁력 ··· 156

1
인천 신도시 3총사

정부는 2000년대 후반 지역경제 활성화를 위해 송도, 청라, 영종 등 인천경제자유구역에 신도시 건설을 추진한다. 경제자유구역(Free Economic Zone)이란 국내 타 지역과는 차별화된 제도와 여건을 조성하여 외국인 투자가의 기업 활동과 경제활동이 보장되는 지역을 말한다.

경제자유구역으로 지정되면 세제지원, 자유로운 경제활동, 질 높은 행정서비스, 편리한 생활환경이 보장된다. 그 중 인천경제자유구역은 정부가 추진하고 있는 동북아경제중심 실현전략의 핵심 지역으로서 2003년 8월 국내 최초로 인천국제공항과 항만을 포함하여 송도, 영종, 청라가 지정되었다. 총 면적은 132.65㎢(4,024만평)로서 맨해튼의 3배, 여의도의 70배이다. 계획인구는 약 54만 명이며, 총사업비는 81조 5,230억 원이다. 사업기간은 2003년~2020년이며, 개발방향은 송도는 비즈니스 · IT · BT이며, 영종은 물류 · 관광이며, 청라는 업무 · 금융 · 관광레저 · 첨단산업이다.

인천경제자유구역의 위치는 인천광역시 연수구(송도지구), 중구(영종지구), 서구(청라지구) 일원이다. 서울과 인접하고 있으며, 서해안에 위치하고 있어 대외적으로 중국과 일본을 연결하는 중심지역이며 북한진출을 위한 거점지역이다.

인천경제자유구역의 접근성은 서울 도심지역에서 약 50㎞ 거리에 있다. 수원, 안양, 광명, 부천 등지의 수도권 대도시로부터 1시간 내에 접근 가능하다. 대외적으로 중국과 일본을 연결하는 중심지역이며 1~2시간 내에 접근 가능하다.

인천경제자유구역 신도시

구분	송도	청라	영종
위 치	인천광역시 연수구 송도동 7번지 일원	인천 서구 경서동, 연희동, 원창동 일원	인천 중구 영종, 용유동 일원
면적 (천평)	16,120	5,400	5,800
수용 인구 (천명)	264	90	177
주택 건설 (천호)	103	33	674
사업 기간	2003~2020	2003~2015	2003~2020
사업 시행자	인천광역시, (재)송도테크노파크, NSIC	한국토지주택공사(LH), 인천광역시, 한국농어촌공사	인천광역시, 인천국제공항공사, 한국토지주택공사, 인천도시공사
주요사업	국제업무단지 지식정보산업단지 바이오단지 송도국제화복합단지 첨단산업클러스터 송도랜드마크시티 인천신항 등	국제금융단지 테마파크형골프장 첨단산업단지 로봇테마파크 유통산업 등	인천공항 영종하늘도시 미단시티 용유무의복합도시 등

출처 : 인천경제자유구역청

송도 · 청라 · 영종 신도시

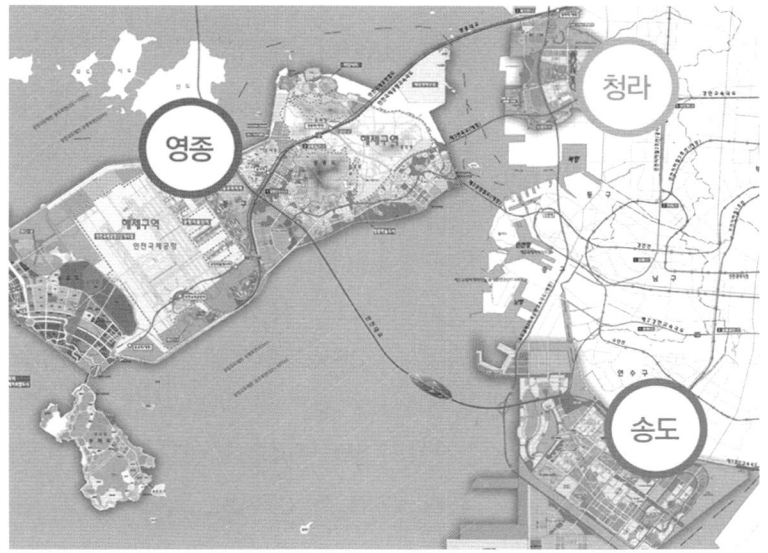

출처 : 인천경제자유구역청

인천경제자유구역의 배후시장은 인천시 인구 300만 명과 서울 및 경기지역을 포함한 수도권 2천 5백만 명의 인구를 보유하고 있다. 이는 전국 인구의 49%에 해당하는 비율이다. 대외적으로 비행시간 3시간 이내의 지역에 1백만 명 이상의 도시가 147개 있으며, 약 20억 명의 대규모 소비시장 보유하고 있다.

2
송도신도시

송도신도시는 인천 연수구 송도동 일대 약 53.36㎢(1,614만평) 면적에 첨단지식과 서비스산업의 글로벌거점 건설을 목표로 개발되고 있다. 사업비 21조 5,442억 원, 사업기간은 2003~2020, 주택 104,112세대, 계획인구는 265,611명이다. 지식정보산업단지, 바이오단지, 첨단산업 클러스터, 송도랜드마크시티, 인천신항 등이 건설된다.

바이오산업 육성을 위해 국제병원, 바이오산업·연구시설이 집적된 바이오 프런트를 조성한다. 또한 교육·연구 육성을 위해 세계 명문 교육기관 및 연구소 등이 집적되어 융합기술형 산업혁신 클러스터의 기반을 마련한다. 그리고 문화·관광 육성을 위해 아트센터, 대중음악 공연장과 수변레저시설 조성 등을 통한 고품격 문화 관광단지로 조성한다.

마지막으로 MICE산업 육성을 위해 컨벤시아 2단계 구축, MICE복합지구 조성 및 국제기구와 연계한 특화된 글로벌컨벤션 육성한다.

송도신도시

출처 : 인천경제자유구역청

　송도지구의 핵심인 송도신도시는 동북아시아 국제비즈니스 허브도시 개발을 위해 외국인 친화적인 경영환경과 정주여건을 갖춘 고품격 국제도시를 건설한다는 것이다. 송도신도시 국제업무단지에는 약 5,770천㎡ 규모에 업무, 상업, 주거시설 등이 건설되는 핵심지역이다. 여기에 컨벤션센타, 동북아두역타워, 국제학교, 국제병원, 센트럴공원, 주거 및 상업·업무시설, 쇼핑몰, 문화센터 및 기반시설 등을 건설한다. 총사업비 24.4즈 원이며, 시행사는 인천광역시와 송도국제도시개발유한회사이다.

주요사업은 동북아무역타워, 송도컨벤시아, 채드윅송도국제학교, 잭니클라우스골프클럽, 송도센트럴공원, 아트센터, 송도롯데몰, 포스코건설사옥, 커낼워크, 업무시설, 호텔, G-타워 등이다.

국제업무단지 내에 위치한 동북아무역타워는 71층 규모로 업무시설과 호텔을 겸비한 송도의 랜드마크이다. 지하 3층, 지상 68층, 높이 312m, 연면적 202,420㎡ 규모이다. 총사업비 약 6,250억 원이 투입되어 업무시설, 부대시설, 호텔, 전망대 등이 입지하고 있다.

또한 송도컨벤시아는 아시아지역 최초로 세계적인 권위를 자랑하는 친환경건축물 등급시스템인 LEED-NC 인증등급을 획득한 컨벤션센터이다. 지하 1층, 지상 4층, 연면적 54,157㎡ 규모로 건설되었다. 총사업비 약 1,670억 원이 투입되었으며, 전시장 8,390㎡, 회의장 4,261㎡, 부대시설 등이 입지하고 있다. 그리고 채드윅송도국제학교는 지하1층, 지상5층, 연면적 52,578㎡, 총사업비 1,500억 원이 투입되었다. 유치원~고등학교 과정의 국제학교이며, 학생수 2,100명이다. 잭니클라우스골프클럽은 대지면적 946,874㎡, 연면적 19,882㎡, 총사업비 약 2,200억 원이 투입된 18홀 골프코스와 클럽하우스 외 부속건물 6동이 건설되었다.

송도센트럴공원은 근린공원 370,751㎡, 총사업비 1,400억 원이 투입되었으며, 인공수로, 보트하우스(수상택시), 주차장 등이 건설되었다. 아트센터는 지하2층, 지상 7F층, 연면적 88,682㎡로 건설되었다. 총사업비 2,610억 원이 투입되어 콘서트홀, 오페라하우스, 뮤지엄 등이 건설되었다.

송도롯데몰은 연면적 413,655㎡, 총사업비 약 1조원이 투입되어 쇼핑몰, 백화점, 시네마, 호텔, 오피스텔 등이 건설되었다. 포스코건설사옥은 지하5층, 지상39층, 연면적 148,789㎡이다. 총사업비 약 3,600억 원이 투입되어 업무시설 2동(사옥동, 임대동)이 건설되었다. 커낼워크는 지하2층, 지상5층, 연면적 118,247㎡로 건설되었다. 총사업비약 3,520억 원이 투입되어 판매·근린생활시설 345실, 오피스텔 445실 등이 건설되었다. 업무시설인 송도IBS타워는 지하4층, 지상35층, 연면적 123,203㎡ 규모, 총사업비 약 2,400억 원이 투입되었다.

2017년 10월 현재 송도인구는 12만여 명이며, 40대 인구가 30대와 50대보다 많다. 인천경제구역 3개 신도시인 청라신도시, 영종신도시보다 미래가치가 높은 것으로 전망되고 있다. 송도신도시는 서울도심과는 50km, 인천 도심과는 8km 떨어진 곳에 위치하고 있어 지리적으로는 서울 접근성이 떨어지지만 자족도시의 기능을 갖춘 첨단도시로서의 장점을 가지고 있다. 송도신도시 서측에 인천국제공항이 위치해 있어 인천대교를 통해 15분 안에 도착할 수 있으며, 경인고속도로와 제2경인고속도로 등과 서울 및 수도권으로 진출입이 편리하다.

송도신도시는 연세대학교 국제캠퍼스, 인천대학교, 겐트대 글로벌캠퍼스, 한국뉴욕주립대, 한국조지메이슨대, 유타대 아시아캠퍼스 등 많은 국내외 대학이 입지하고 있어 학원도시로서의 기능을 갖추고 있다. 또한 포스코 본사, 국제기후협약본부, 송도컨벤시아 및 동북아트레이드센타, 송도테크노파크 등 업무기능도 갖추고 있다.

송도신도시는 매립을 통해 개발이 지속되고, 새로운 매립지에는 계속 아파트가 공급될 것으로 전망된다. 공급이 지속됨에 따라 가격이 급등하지는 않을 것으로 전망되기 때문에 미래지향적 관점에서 투자하는 것이 좋다. 향후 송도신도시의 개발호재는 송도~삼성 GTX노선의 건설이 될 것이지만, 건설까지는 시간이 걸릴 것으로 보인다. 또한 송도신도시 개발은 당초 완공 목표보다 늦은 2030년까지 지속적으로 개발이 진행될 것으로 예상되어 개발이 완료되는 시점까지 호재가 계속될 것이다.

3
영종신도시

영종신도시가 속한 영종지구는 인천 중구 영종, 용유동 일대에 약 52.48㎢(1,587만평) 규모로 건설되고 있다. 총사업비 12조 2,192억 원이며, 사업기간은 2003년~2020년 이며, 계획인구는 183,762명이다.

영종지구 전체적으로는 영종신도시, 미단시티, 용유무의 문화·관광·레저 복합도시, 영종복합리조트를 건설한다는 계획이다.

개발방향은 인천국제공항과 아름다운 해양 환경을 중심으로 관광레저 복합도시 건설이다. 복합관광단지는 가족단위로 즐길 수 있는 한국형 복합리조트 및 마리나와 연계한 해양레져단지를 개발한다는 것이다. 또한 항공물류는 인천공항을 국제화물의 허브공항이 되도록 집중 지원한다는 것이다. 그리고 항공산업은 항공관련 교육기관 및 제조·연구시설이 집적된 항공산업 클러스터를 건설한다는 것이다.

영종지구의 중심인 영종신도시는 인천광역시 중구 운서·운남·운북·중산동 일원, 약 19.3㎢ 규모로 건설되고 있다.

영종지구 및 영종신도시

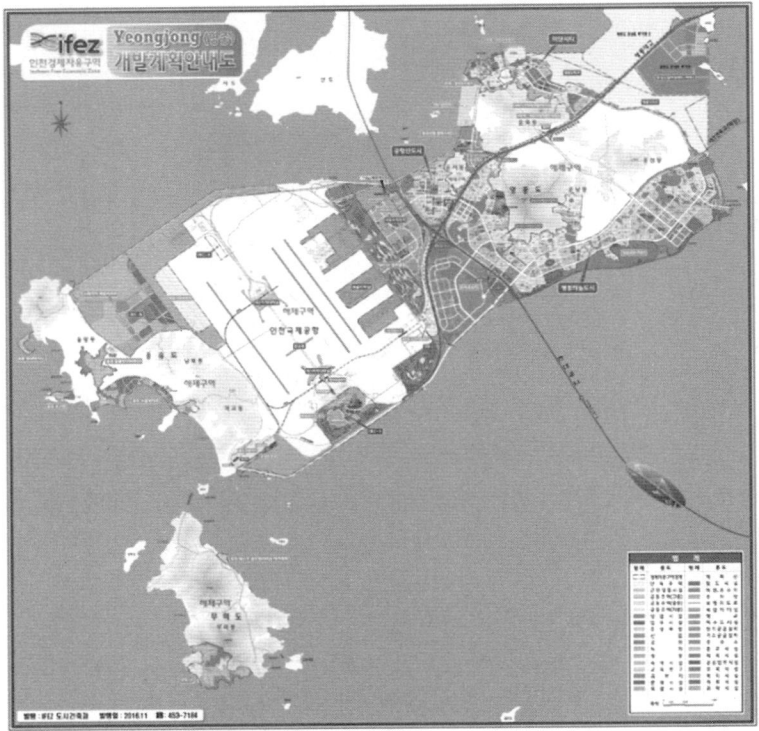

출처 : 인천경제자유구역청

사업기간은 2003년 8월~2020년 12월까지 3단계에 걸쳐 건설된다. 주거·산업·업무·관광기능의 복합도시를 건설을 목표로 하고 있다. 총사업비는 82,121억 원, 주택 53,533세대, 계획인구 13만 명이다.

영종지구 북동쪽 예단포 일원에 위치한 미단시(美緞市)는 한국 경제자유구역 최초로 국제공모를 통하여 추진되고 있는 사업이다. 미단시티는 약 82만평 부지에 사업비 약 8,500억 원을 투입하여 리포&시저스 카지노를 중심으로 세계적인 복합리조트를 건설한다는 계획이다. 미단시티에는 리포&시저스 복합리조트, 외국인국제학교, 병원, 메가쇼핑 엔터테인먼트 콤플렉스 등이 계획되어 있다.

영종지구에는 리포&시저스 복합리조트 이외에도 파라다이스시티, 인스파이어 등의 복합리조트를 건설한다는 계획이다. 리포&시저스 복합리조트는 38,365㎡(약 1만 2천 평) 규모에 호텔 500실, 외국인전용카지노, 컨벤션, 쇼핑시설 등을 건설한다는 계획이다.

또한 파라다이스시티는 인천국제공항 IBC-Ⅰ 위치한 규모 330,000㎡(약10만평)의 복합리조트이다. 총사업비 약 1조 9천억 원이 투입되는 사업이며, 호텔 814실, 외국인전용 카지노, 컨벤션, 스파, 아레나, K-스튜디오 등을 건설한다. 그리고 인스파이어는 인천국제공항 IBC-Ⅰ 위치한 규모 1,057,710㎡(약 32만평) 복합리조트이다. 약 1조 5천억 원을 투자하여, 호텔 1,350실, 외국인전용 카지노, 컨벤션, 공연장, 테마파크, 엔터테인먼트 시설 등이 건설된다.

용유무의 개발사업은 용유무의 지역의 입지적 장점을 활용한 명품관광도시를 조성하여 증가하는 관광 수요에 적극 대응하고, 지역의 효율적 개발을 위하여 관광·레저분야 6개 선도사업을 추진한다는 목적으로 추진되었다. 사업면적 3.2㎢이며, 사업비 1조 547억 원을 투입하여 인구는 3,410명 규모로 개발하는 사업이다.

영종신도시는 청라신도시와 송도신도시에 비해 가장 개발이 늦어지고 있으며 투자가치도 떨어지는 것으로 보인다. 내륙에서 떨어져 있어 영종대교를 건너서 들어가야 한다는 단점과 통행료 부담도 만만치 않은 것으로 알려지고 있다. 2017년 10월 현재 6만여 명이 거주하고 있으며, 공항에 직장을 가진 30대가 가장 많이 거주하고 있다. 분양 초기부터 미분양에 시달리고 있으며, 다른 신도시들이 시세를 회복했음에도 불구하고 시세를 회복하지 못하고 있다. 그 이유는 입지적 단점과 고분양가가 원인으로 지적되고 있다.

향후 개발호재로는 영종도 국제리조트개발과 미단시티 개발 및 지3연륙교 완공 등이다. 쾌적한 주거환경을 갖추고 있으므로 인천공항 및 인근에 근무하는 종사자는 직주근접이라는 장점이 있기 때문에 실수요자 측면에서 매입을 고려해도 될 것 같다.

4
청라신도시

청라신도시는 인천 서구 경서동, 연희동, 원창동 일원에 면적 17.81㎢ 규모로 개발되었다. 사업기간 2003~2018년에 걸쳐 사업비 6조 5,965억 원을 투입하여, 주택 33,210세대, 계획인구 90,000명의 신도시를 건설한다는 목표였다.

시행자는 한국토지주택공사, 인천광역시, 한국농어촌공사이며, 국제업무단지, 로봇테마파크, 금융HQ, 관광·레저, R&D, 첨단산업단지 등이 계획되었다. 개발방향은 업무와 주거, 산업이 공존하는 신개념 비즈니스타운 건설이다.

국제업무분야는 금융보험 등 테마산업을 선정하고, 관련 업무시설 유치하여 여의도와의 광역 금융클러스터 형성을 통한 역할을 분담한다는 것이다. 또한 로봇산업분야는 로봇 R&D산업·연구단지 및 로봇테마파크 조성한다는 것이다. 그리고 제조부품분야는 IHP, 한국GM부지 등을 중심으로 제조부품 연구단지와 생산단지를 건설한다는 것이다. 마지막으로 관광유통분야는 국내·외 관광객 유치를 위한 대규모 쇼핑유통 관광단지 조성한다는 것이다.

청라신도시

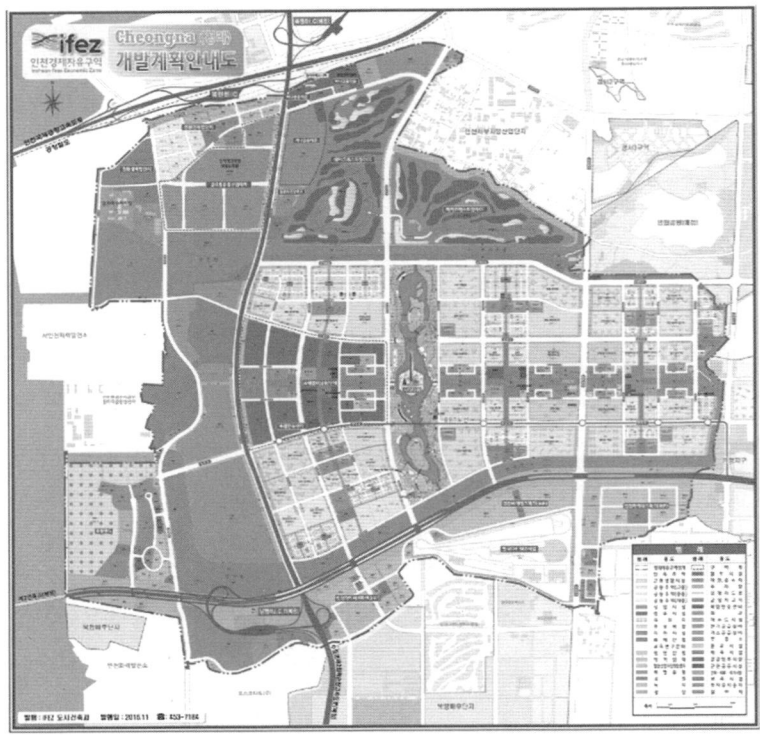

출처 : 인천경제자유구역청

청라국제도시 주요프로젝트는 하나금융타운, 신세계복합쇼핑몰, 베어즈베스트골프장, 친환경복합단지, 달튼외국인학교, 로봇랜드, 도시첨단산업단지(IHP), 한국GM R&D센터, 시티타워, 중앙호수공원, 캐널웨이, 청라국제도시역, 청라의료복합타운조성 등이다.

먼저, 하나금융타운은 청라국제도시 3-4BL 일원, 규모 248천㎡를 개발하는 사업이다. 사업시행사인 하나금융지주, 하나아이앤

에스가 2012~2018년 사이에 총사업비 7,300억 원을 투자하여 하나금융 지주본사, 금융연구소 등 계열사와 주요기능을 집적한다는 것이다. 신세계복합쇼핑몰은 청라국제도시 2BL 일원에 규모 165천㎡의 위락, 쇼핑, 문화, 레저공간을 갖춘 복합쇼핑몰을 건설한다는 사업이다. 사업시행사인 신세계투자개발이 2013~2020년 사이에 총사업비 4,000억 원을 투자하는 사업이다.

베어즈베스트골프장은 청라국제도시 3BL, 4BL 일원에 규모 1,492천㎡ 규모의 대중 골프장 27홀, 단독주택(페어웨이빌리지) 355세대를 건설하는 사업이다. 로봇랜드 조성사업은 청라국제도시 7BL 일원에 규모 770천㎡의 로봇산업진흥시설, 유희시설 등을 건설하는 사업이지만 진행이 지지부진하다.

도시첨단산업단지(IHP)는 청라국제도시 남측 규모 1,179천㎡에 첨단부품소재 관련 R&D 중심의 국내외 투자를 유치한다는 계획이다. 2018년 상반기에 1공구, 2018년 하반기에 2공구 기반시설공사를 완료한다는 계획이다. 시티타워는 청라국제도시 중앙 호수공원 일원에 높이 453m타워를 건설하는 사업이다. 사업시행사인 LH공사가 총사업비 3,033억 원을 들여 관광탑, F&B, 놀이 및 판매시설 등을 건설한다는 것인데 사업자선정이 늦어져 사업이 원활히 추진되지 못하고 있다.

청라신도시는 2017년 10월 현재 계획인구 9만 명의 인구가 살고 있다. 30대 인구가 많은 젊은 도시의 특성이 있는데, 이는 인천공항에 근무하는 30대 인구가 많이 거주하고 있기 때문이다. 청라역 앞에 하나금융타운이 완공되어 4천여 명의 직장인이 청라지역으로 출퇴근 하고 있다.

향후 청라지역의 개발호재는 7호선 연장 개통, 중심상업지구 개발, 시티타워 건설, 청라역 인근의 신세계부지 개발, 금융타운 개발이 될 것이다. 특히, 입주 초기부터 7호선 연장에 대한 기대감이 높았으나, 사업타당성 검토단계에서 BC값이 1이하로 나오면서 진전을 보지 못하고 있다. 그리고 제3연륙교 건설도 호재가 될 것이다. 경인고속도로~청라신도시~영종신도시~인천공항으로 이어지는 제3연륙교 공사는 청라신도시 아파트분양가에 분담금을 포함시켜 5000억 원의 건설비용을 마련해 두고 있다. 그러나 인근 영종대교를 건설한 민간회사의 통행료 보전문제를 둘러싸고 해법을 찾지 못하고 있다. 청라신도시는 지하철 7호선 연장이 가장 큰 호재로 꼽힌다. 만약 7호선 연장이 결정되면 석남동에서 청라국제도시역까지 이르는 약 10.6km 구간이 건설되어 청라국제도시에서 강남까지 한 번에 이동이 가능하다.

청라신도시

5
다산지구

다산지구는 경기도 남양주시 지금동, 도농동, 진건읍 배양리 일원 약 2,713,716㎡ 규모로 건설되었다. 다산지구는 진건지구와 지금지구 택지개발사업을 통합한 명칭이다. 당초 보금자리주택지구 사업으로 진행되었으며, 주택 31,892세대, 계획인구 86,096명, 사업기간은 2009년~2018년이다.

남양주시 진건읍, 도농동 이 지역은 수도권전철 경의중앙선 개통으로 서울과 접근성이 좋아지면서 도농뉴타운이라는 재개발사업을 추진하게 되었다. 그러자 구리역~도농역~별내역 삼각구역에 빈 공간이 생기면서 이 지역에 대규모 택지지구를 건설하기로 하였다. 당초 그린벨트로 묶여있어 사업 추진에 어려웠으나 보금자리주택지구로 지정되면서 사업이 진행될 수 있었다. 보금자리주택지구로 지정된 이후 2008년 국제금융위기의 후폭풍으로 택지분양을 받을 민간건설회사가 나오지 않아 한동안 난항을 겪었다가 결국 2010년부터 분양이 시작될 수 있었다.

남양주시청 제2청사, 남양주경찰서, 구리남양주 교육지원청과 의정부지방법원 남양주지원 등 공공기관이 입주해 있다. 다산지구는 남양주시의 행정중심지로 발전할 것이다.

　상업지구에는 현대프리미엄 아울렛이 2018년 이후 들어올 예정이며, 역주변에 대규모상권이 형성될 것으로 보인다. 또한 별내선 진건역 역세권인 상업1-2BL지구에 CGV가 입점하기로 확정되었다. 전철노선은 서울 지하철 8호선 연장선인 별내선 복선전철 사업이 2015년 착공하였다. 이 노선이 개통되면 진건지구 상업중심지에 진건역이 개통되어 대중교통 접근성은 상당히 높아 질 것으로 보인다.

다산지구

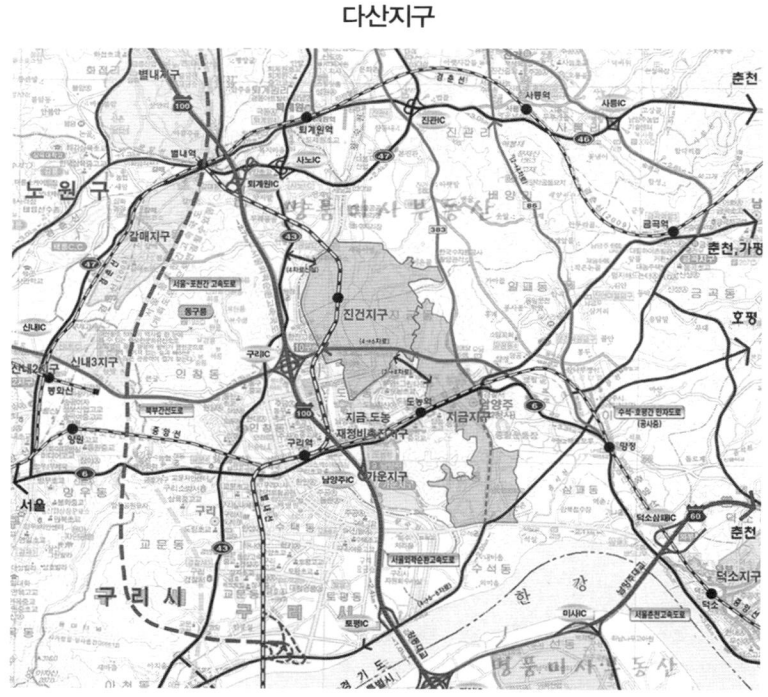

출처 : 국토부

도로는 부지 서쪽에 서울외곽순환고속도로, 진건지구 가운데로 북부간선도로가 지나간다. 더 위로는 43번국도 우회도로도 지나가며, 지금지구 한가운데로 6번 국도 경춘로가 있다. 지금지구 남쪽으로 수석호평 도시고속화도로 수석IC가 있으며, 지금지구 남쪽에 있는 가운사거리를 통해 강변북로 및 토평IC를 이용하여 서울외곽순환고속도로 진출입이 가능하다.

향후 다산지구 호재로는 서울 지하철 8호선 연장선인 별내선이 개통되어 진건역이 개통되는 것이다. 2015년 착공하여 2020년 진건역이 개통되면 서울과의 접근성이 상당히 높아져 부동산 가격에 영향을 미칠 것으로 전망된다. 다산지구는 인근 별내지구, 갈매지구와 함께 삼각축을 이루며 수도권 동북권에 거대한 주거단지로 발전해 갈 것이다.

6
별내지구

　별내지구는 경기도 남양주시 별내면 덕송리, 화접리, 광전리 일원에 건설되고 있다. 2005년부터 2012년까지가 사업기간이었으나 2008년 국제금융위기로 2016년 이후로 지연되었다. 수용인구는 24,137세대, 72,411명이다. 2017년 2월 기준 별내동 인구는 66,131명이며, 남양주시 중 최대 규모의 인구가 사는 동이 되었으며, 노원구 인구가 별내지구로 많이 이주해 왔다.

　수도권 전철 경춘선 별내역을 배후 교통으로 두고 개발되고 있다. 암사역에서 별내역까지 오게 되는 서울 지하철 8호선 연장 별내선이 예정되어 있어 강남으로 접근성이 좋아질 것으로 기대되고 있다. 또한 별내지구 북쪽 끝으로 서울 지하철·4호선 연장선인 진접선 광역철도가 2014년 말에 착공되었다.

　아쉬운 점은 8호선은 북별내까지 연결되지 않고 별내역에서 끊긴다는 점이다. 8호선 연장 별내선과 4호선 연장선 진접선이 연결되어 환승하게 되면 더 없이 좋은 호재가 될 것이다.

　공공기관은 별내동 수질관리센터 내부에 주민센터가 신축되어

2013년 가을에 이전한 상태이다. 입주 초기에 상권이 형성되지 않아 생필품을 사러 서울 중랑구나 노원구까지 나가야하는 번거로움이 있었으나, 2013년 별내역 앞에 이마트가 오픈하였다. 2014년에는 상업지구가 개발되어 찜질방과 메가박스가 오픈하였다

별내지구에는 30대 거주자가 많고 서울로 출퇴근 하는 인구가 많은 것이 특징이다. 60㎡ 이하 소형평형에 거주하는 사회초년생과 신혼부부들이 많이 입주해 있다. 별내지구에 공급된 2만 4천호의 주택 중 공동주택이 93.4% 이며, 그중 60㎡ 이하 소형아파트가 43.1%를 차지하고 있다. 소형아파트는 대부분 임대주택으로 조성되어 있다.

출처 : 국토부

향후 별내지구 호재로는 2019년 개통예정인 4호선 연장이다. 4호선 연장은 당고개~별내~오남~진접으로 연결되는 전철이다. 또한 암사~구리~별내를 연결하는 서울 지하철 8호선 연장 별내선이 개통되면 강남지역으로 접근성이 높아져 부동산 가격에 영향을 줄 것으로 기대되고 있다. 별내지구는 인접하고 있는 노원구, 중랑구에서의 이주수요가 풍부하여 임대수요와 매매수요가 꾸준할 것으로 전망되고 있다.

7
마곡지구

마곡지구는 서울시 강서구 마곡동과 가양동 일원에서 서울시와 SH공사가 추진 중인 서울특별시 도시개발사업이다. 서울시의 마지막 대규모 개발지라 불렸으며, 개발면적은 약 100만평 규모의 미니 신도시이다.

마곡지구는 원래 서울월드컵경기장 유치 부지였으나, 마포구 상암동이 월드컵 경기장으로 결정되면서 도시개발사업을 추진하게 되었다.

우리나라 수도권 신도시 대부분이 서울 변두리에 출퇴근을 목적으로 건설된 베드타운인 반면, 마곡지구는 서울시내에 위치해 있으므로 교통인프라가 매우 뛰어나다. 가까운 거리에 올림픽대로, 인천국제공항고속도로, 서울외곽순환고속도로가 위치해 있다. 또한 김포시, 부천시, 고양시로의 이동도 편리하며, 행주대교나 가양대교를 이용하여 강북지역으로의 이동도 편리하다.

마곡지구 중앙을 공항대로가 관통하며, 서쪽으로 김포국제공항과 동쪽으로 여의도나 강남쪽 도심방면으로 접근이 용이하다.

마곡지구

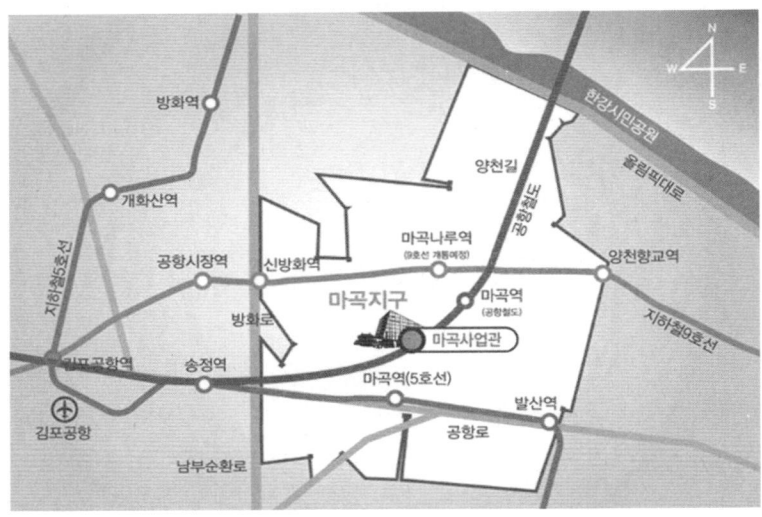

출처 : 국토부

　마곡중앙로를 보조 간선 축으로 삼아서 남쪽과 북쪽을 이어주며 도로변을 따라 마곡역과 마곡나루역이 접해있다. 또한 마곡중앙로를 기점으로 좌우측에 마곡동로, 마곡서로를 통해 아파트나 업무지구로의 접근성을 높여주고 있다.

　마곡지구는 서울 지하철 5호선 송정역, 마곡역, 발산역과 서울 지하철 9호선 신방화역, 마곡나루역, 양천향교역을 끼고 있다. 이 중 9호선 마곡나루역은 공항철도와 환승역이 2017년 말 개통을 목표로 공사 중이다.

　주거지구는 단독주택지 15,833㎡, 공동주택지 591,061㎡로 구성되며, 총 34,181명을 수용할 예정이다. 공동주택의 대부분은 SH공사에서 직접 개발하는 공영개발로 공급되며, 같은 아파트 단지 내에 분양주택과 임대주택이 혼재한 소셜믹스 방식으로 건설되었다.

마곡지구는 다른 수도권 신도시 또는 택지개발지구가 베드타운으로 건설된 것과는 달리 자족형으로 건설된 것이 장점이다. 기업들과 R&D단지를 집적화시켜 주거와 업무 및 문화를 혼합한 이상적 도시개발로 평가 받고 있다. LG그룹을 필두로 많은 기업들이 마곡지구에 들어오면서 자족성을 높였다.

업무지구는 LG그룹 컨소시엄이 R&D센터를 마곡에 집중시키기 위해 대규모 투자를 진행하였다. 그 외에도 코오롱과 넥센타이어 등 13개 기업이 8만 3972㎡의 부지를 매입해 업무지구를 조성하고, 잔여 업무용지는 중소기업 컨소시엄 위주로 공급되었다.

문제는 업무지구 내에 공급된 상당량의 오피스텔이 공급과잉 우려를 낳고 있다. 아파트가 부족해지면 아파트 대체재로 오피스텔에 대한 수요가 증가하면서 대중교통 접근성이 좋은 마곡지구에서 많은 물량이 공급되었다. 부동산114에 따르면 2016년 마곡지구 마곡동에 5,427실이 입주한데 이어 2017년에도 4,149실이 입주한다. 2년간 1만실 가까이 집중공급되기 때문에 공급과잉 논란이 벌어지고 있다.

2017년 전국에서 5만 394실의 오피스텔이 공급되는데 이어 2018년에는 무려 6만 9,678실이 입주할 예정이다. 물량이 쏟아지면서 수익률은 하락세다. 2017년 6월 기준 서울 오피스텔 평균 수익률은 4.89%로 이미 5%대 벽이 깨졌다. 뿐만 아니라 전국 평균 수익률 5.22% 위태로운 수준이다[11].

---

11) 김수현, 이상빈, '소나기 공급에 오피스텔 시세·수익률 '곤두박질'…" 2~3년 후 폭탄 터질수도 조선비즈, 2017.07.28

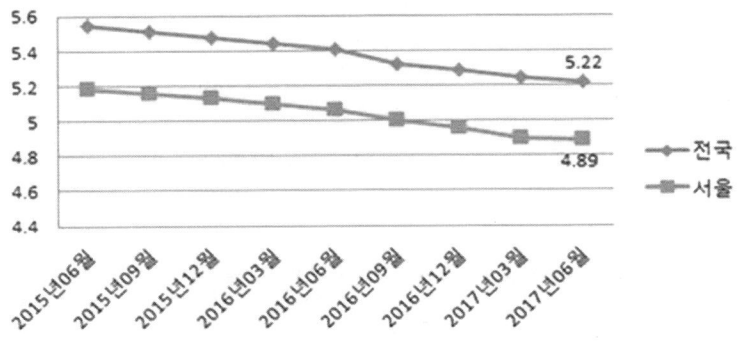

출처 : 부동산 114

　오피스텔은 시세차익보다는 임대수익을 얻는 수익형부동산이다. 따라서 장기간 안정적으로 수익을 얻을 수 있는지와 수익률을 꼼꼼히 분석 후 투자하는 것이 바람직하다.

　최근 오피스텔에 대한 공급과잉으로 수익률이 계속 떨어지고 있어 투자에 신중을 기해야 한다. 오피스텔은 현재의 수익률보다는 미래의 수익률을 생각하며 투자하는 장기적 안목이 필요하다. 수급상황과 수익률을 따져보고 신중히 투자해야 한다.

　마곡지구는 서울시내 마지막 대규모 도시개발사업지라는 상징적인 측면이 강하고, 서울시내 다른 지역보다 저평가되어 있어 당분간 관심을 받을 것이다.

　마곡지구는 2012년부터 분양에 나섰지만 부동산 경기침체 등으로 초기에는 45평형이 미분양으로 고전하였다. 그러나 시간이 지나면서 분양이 완료되었으며 프리미엄도 2억 원 이상 붙어 있다.

마곡지구는 5호선, 9호선이 지구를 관통하고 있고, 9호선 마곡나루역이 공항철도와 환승도 가능하기 때문에 대중교통 접근성도 뛰어나다. 특히 기업과 R&D단지가 집적되어 첨단산업을 바탕으로 자족성이 높다. 다만 마곡지구에 일시적으로 과잉 공급되어 있는 오피스텔은 서울시내 오피스텔 시장에 영향을 미치면서 수익률하락으로 이어질 것이다. 그러나 서울 시내에 입지하고 있고, 대중교통 접근성이 좋기 때문에 시간이 지나면서 수익률을 회복해 갈 것이다.

8
삼송지구

　삼송지구는 경기도 고양시 덕양구 삼송동 삼송동, 동산동, 오금동, 원흥동, 용두동, 대자동, 지축동 일원에 사업면적 5,070,011㎡ 규모로 개발되었다. 사업기간은 2006년~2014년이고, 주택 22,128세대, 계획인구 58,846명으로 개발되었다. 삼송지구는 은평뉴타운, 지축지구와 인접하여 수도권 서북지역의 주거안정을 위한 단지로 건설되었다.

　인근 북한산, 노고산, 창릉천, 곡릉천 등의 자연환경을 활용한 생태 주거환경과 문화 복지시설 등을 지구에 조성하는 개념을 도입하였다. 지구의 특성을 살리면서 자족성을 갖춘 자연친화형 도시를 건설하고자 하였다.

　지구 내를 통과하는 창릉천을 활용한 친수공간을 확보하여 환경친화적 개발을 도모하였다. 북한산국립공원~서오릉~농협대학의 대규모 녹지축과 연계한 바람과 자연이 조화 될 수 있는 환경을 조성하였다. 자족기능 강화를 위해 에니메이션산업을 특화시킨다는 구상이었다.

출처 : 국토부

　삼송지구는 지하철 3호선을 타고 광화문과 종로 도심까지 20분대에 이동할 수 있어 접근성이 뛰어나다. 2009년 첫 분양을 시작하였을 때는 국제금융위기 여파로 1순위 청약 미달을 면한 단지가 2건에 불과하였다. 2010년 분양한 아파트는 1순위 청약접수 '0'라는 수모를 겪기도 했다.

　삼송지구가 미분양무덤으로 전락한 데는 그린벨트지역이 다수 포함됐다는 이유로 소유권 등기까지 7년간 전매가 금지되었고, 부동산 침체의 직격탄을 맞은 것이 원인이었다. 그러나 전매제한 완화와 수도권 전월세 상승으로 2014년부터 분위기가 반전되었다.

　정부가 2014년 9.1대책을 통해 전매제한 기간과 거주 의무기간을 단축하면서 수도권 집값이 상승세로 접어들면서 상황이 달라졌다. 수도권 전월세대란도 접근성이 좋고 가격이 저렴한 삼송지구로 수요자들이 모여드는 계기가 되었다. 2013년 말 3,791가구였던 미분양 가구 수는 2014년 1,658, 2015년 1,178가구, 2016년 469가구, 2017년 5월에는 441가구로 급감하였다.

수도권 부동산 회복세와 신분당선 연장, 스타필드 개장호재 영향으로 2~3년 전부터 집값이 뛰기 시작해 2017년 8월 기준 전용 84㎡ 기준 7억 원을 호가하는 부촌으로 자리 잡았다. 삼송2차 아이파크 전용 84㎡는 호가 7억 원에 육박하고 있으며, 분양가 대비 2억 5000만~3억 원 상승해 있다. 은평뉴타운, 지축지구, 원흥지구가 인접하고 있어 택지지구 몇 개가 모여 55,000가구의 거대 신도시를 형성하고 있다.

삼송지구는 스타필드고양 개장과 신분당선 연장구간 개통이라는 호재를 바탕으로 상승세를 유지해 갈 것으로 전망된다. 용산~강남~판교~광교를 잇는 수도권의 마지막 남은 황금노선 신분당선 연장 호재가 가격 상승을 주도할 것이다.

9
미사지구

미사지구는 경기도 하남시 망월동 풍산동, 선동, 덕풍동 일대의 그린벨트를 해제하여 조성하는 보금자리주택 사업지이다. 2009년부터 개발을 시작하여 2015년에 완료한다는 계획으로 개발규모 5,462,689㎡, 3만 6천여 세대, 인구 9만 5천여 명으로 개발되었다. 1971년 개발제한구역으로 지정되어 매매와 개발이 제한되었으나, 2009년 5월 11일 보금자리주택 시범지구 선정과 동시에 개발제한구역에서 해제되었다.

2010년 12월 보상공고가 발표된 이듬해인 2011년 조성공사를 착공하였으며, 2013년 보금자리주택정책 수정에 따라 일부 계획을 수정하였다. 이에 따라 정식명칭을 하남미사보금자리에서 미사강변도시로 변경하였다. 총 32개 블록 중 22개 블록이 보금자리지구이며 2018년까지 모든 사업을 준공 할 계정이다. 2014년 6월 30일 15단지를 시작으로 첫 입주가 시작되었다.

개발구역의 두 면이 한강과 인접해 있으며, 미사리 조정경기장이 인접해 있어 수변시설이 특화되어 있다. 민간아파트 용적률은 210%, 보금자리주택 용적률은 210~220%이다.

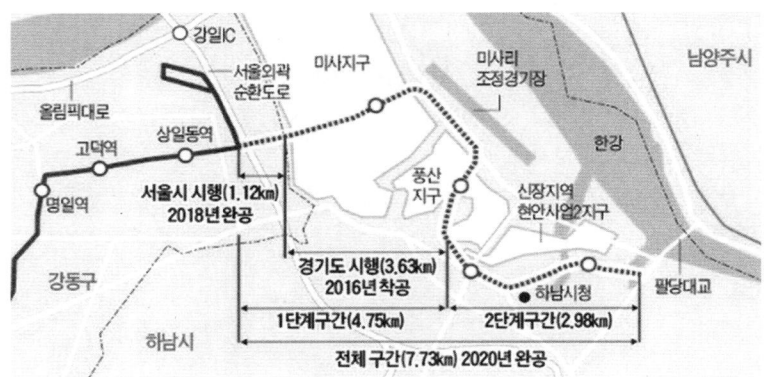

출처 : 국토부

    서울양양고속도로, 서울외곽순환고속도로, 올림픽대로, 강동대교가 인접해 있으며, 강동공영차고지와 하남시 간선급행버스(BRT) 노선이 인접해 있다.

    도시철도는 2018년 이후 서울 도시철도 5호선이 개통될 예정이며, 서울 지하철 9호선 연장이 확정되었다.

    미사지구 내에는 소규모 업무지구만 계획되어 있으나, 인근지역에 대규모 업무시설들이 입지해 있다. 서쪽으로 상일동의 삼성엔지니어링이 위치해 있으며, 남쪽 풍산지구에는 아파트형공장 ITECO가 63빌딩의 1.2배 규모로 위치해 있다. 업무시설로는 서쪽 고덕상업업무복합단지 23만 4,523㎡와 남동쪽으로 복합쇼핑몰인 신세계그룹의 스타필드하남이 2016년 완공되었다.

    미사지구는 서울도심에서 12~18km 떨어진 곳에 한강을 끼고 입지하고 있어 뛰어난 조망과 쾌적한 환경으로 관심을 받고 있다.

서울~춘천 고속도로, 서울외곽순환도로, 올림픽대로 등이 인접해 있다. 또한 지하철 5호선과 9호선이 연장되는 교통의 장점을 가지고 있다. 미사지구는 2008~2013년 사이에 11,562세대가 분양되었는데, 30평형 초반대가 6,390세대로 전체 주택의 55%를 차지하고 있다.

2007년 국제금융위기로 초기에는 미분양으로 고전하였으나, 시간이 지나면서 상승분위기를 이어가고 있다. 미사지구의 초기 분양가격은 3.3㎡당 1,300만 원 정도였으나, 시간이 지나면서 분양가격이 상승하여 2015년 1,500만 원을 넘어서고 있다. 도시기반시설이 완성되는 2018년 이후에는 3.3㎡당 1,800만 원까지 상승할 것으로 예측되고 있다.

미사지구의 개발호재로는 지하철 5호선 연장선 강일역~미사역~풍산역~하남시청으로 이어지는 지하철노선 완성이다. 1단계 구간이 완성 되는 2018년부터 2단계 구간이 완성되는 2020년을 기점으로 부동산 시장이 한 번 더 상승할 것으로 전망되고 있다.

10
인천 신도시 및 수도권 택지지구 경쟁력

인천지역 3대 신도시와 최근 개발된 수도권 택지지구는 개발목적과 수요층이 달라 동일 관점에서 비교하여 우위를 평가하기 쉽지 않다. 인천지역 3대 신도시와 수도권 택지지구를 구분하여 평가를 하는 것이 합리적일 것이다. 먼저, 인천지역 3대 신도시인 송도신도시, 청라신도시, 영종신도시를 평가해 보면 다음과 같다.

첫째, 송도신도시는 인천지역 3대 신도시 중 가장 미래가치가 높을 것으로 전망된다. 송도신도시는 인천지역 3대 신도시 중에서 개발규모가 가장 크고 랜드마크적인 상징성을 가지고 있다. 또한 포스코본사, 국제기구, 송도컨벤시아 및 동북아트레이드센타, 송도테크노파크 등 대기업과 첨단연구기업들이 입주해 있어 자족성도 어느 정도 갖추고 있다. 그리고 많은 국내외 대학이 입지하고 있어 연구학원도시로서의 기능을 갖추고 있다.

송도신도시의 단점으로는 서울도심과 떨어져 있어 서울접근성이 떨어진 진다는 점인데 논란이 되고 있는 송도~삼성 GTX노선이 개통된다면 약점을 보완해 줄 수 있을 것으로 보인다. 송도신도시에 투자를 염두에 둔 사람은 송도신도시 또는 인근 인천시 등에 직장을 가진 실수요자 위주로 투자하는 것이 안전할 것이다. 실수요자가 아니라면 장기적 관점으로 투자하기를 권한다.

둘째, 청라신도시는 송도에 비해 개발규모가 작지만 서울로의 접근성은 좋아 서울 서남부 지역에 직장을 가진 사람이라면 좋을 것이다. 또한 인천공항과 가까워 인천공항으로 출퇴근 하는 수요가 많은 것도 특징이다. 청라신도시는 7호선 연장과 제3연륙교 개통이 가장 큰 호재가 될 것이다. 또한 하나금융타운 입주를 시작으로 중심상업지구 개발, 시티타워 건설, 신세계부지 개발 등으로 호재들이 많아 지속적인 가치상승이 이루어 질 것이다.

셋째, 영종신도시는 바다건너 영종대교를 통해 신도시로 접근할 수 있기 때문에 청라신도시와 송도신도시에 비해 가치가 떨어지고 있다. 분양 초기부터 미분양에 시달리고 있으며, 다른 신도시들이 시세를 회복했음에도 불구하고 회복하지 못하고 있다.

인천 지역 신도시 장단점 비교

	장점	단점	투자포인트
송도 신도시	인천의 랜드마크이며, 자족성 높고, 대학도시로 발전	강북 접근성 낮고, 지속적인 공급으로 가격상승 한계	인천지역 실수요자 투자
청라 신도시	송도, 영종보다 서울 접근성 좋고, 개발호재 많음	계획인구 9만명으로 규모가 작음	서울 서남부 직장인 투자
영종 신도시	인천국제공항 인접, 향후 복합레져단지 개발 가능성	영종대교 통행료 부담	인천공항 근무자 또는 전원생활자 투자

영종 신도시는 인천공항 또는 영종도 지역에 직장을 가진 실수요자를 중심으로 아파트를 매입하는 것이 안전할 것이다. 또한 쾌적하고 조용한 바다를 접한 전원생활을 원한다면 투자를 권한다.

다음으로 최근 건설된 대표적 수도권 택지개발지구인 다산지구, 별내지구, 마곡지구, 삼송지구, 마곡지구, 미사지구를 비교해 보면 다음과 같다.

첫째, 다산지구는 진건지구와 지금지구를 통합하여 신도시 규모로 키운 것이 장점이다. 기존의 경의중앙선 전철을 이용하면 서울로 접근성이 좋고, 2020년 서울 지하철 8호선의 연장선 (진건역)이 개통되면 서울과의 접근성은 상당히 높아져 부동산 가격이 상승할 것으로 보인다. 또한 인근 별내지구, 갈매지구, 다산지구가 삼각 축을 이루며 수도권 동북권에 거대한 주거타운으로 발전해 갈 것이다.

둘째, 별내지구에는 60㎡ 이하 소형평형에 거주하는 사회초년생과 신혼부부들이 중심이 된 30대 거주자가 많고, 서울로 출퇴근하는 인구가 많다. 2019년 개통예정인 4호선 연장 별내역 완공과 암사~구리~별내를 연결하는 서울 지하철 8호선 연장 별내선이 개통되면 강남지역으로 접근성이 높아져 부동산 가격이 상승할 것으로 보인다. 인접하고 있는 노원구, 중랑구 이주수요가 풍부하여 꾸준한 임대수요와 매매수요가 유지될 것이다.

셋째, 마곡지구는 서울시내 마지막 개발지라는 상징성과 서울지역 내 다른 지역보다 저평가되어 있다는 것이 장점이다. 5호선과 9호선이 지구를 관통하고 있고, 9호선 마곡나루역이 공항철도와 환승도 가능하기 때문에 대중교통 접근성도 뛰어나다.

특히 기업과 R&D단지가 집적화 되어 첨단산업을 바탕으로 자족성이 높은 장점이 있다. 공급과잉으로 논란이 되고 있는 오피스텔은 당분간 수익률 하락이 불가피 하지만 대중교통 접근성이 좋기 때문에 시간이 지나면 회복해 갈 것이다.

넷째, 삼송지구는 2000년 분양초기 고전하였으나 전용 84㎡ 기준 7억 원을 호가하는 부촌으로 자리 잡았다. 분양가 대비 2억 5000만~3억 원 상승해 있다. 은평뉴타운, 지축지구, 원흥지구 등 55000가구의 거대 타운을 형성하고 있다.

스타필드고양 개장과 신분당선 연장구간 개통이라는 호재를 바탕으로 상승세를 이어 갈 것으로 전망된다. 용산~강남~판교~광교를 잇는 수도권의 마지막 남은 황금노선인 신분당선 연장 호재가 가격 상승을 주도할 것이다.

수도권 택지지구 장단점 비교

	장점	단점	투자포인트
다산지구	2020년 서울 지하철 8호선 연장선 진건역 개통	수도권 동북지역 입지	수도권 동북지역 직장인
별내지구	2019년 4호선 연장 별내역 완공과 8호선 연장선 개통	소규모 개발	수도권 동북지역 직장인
마곡지구	5호선, 9호선, 공항철도 연결, 기업입주로 자족성 높음	오피스텔 공급과잉	마곡지구 직장인 및 인근거주자
삼송지구	강북 도심 접근성 좋고, 스타필드 개장과 신분당선 연장개통	택지지구 밀집으로 과밀	수도권 서북지역 직장인
미사지구	강남과 가깝고 한강을 끼고 있으며, 5호선과 9호선 연장	발전 공간 협소	수도권 동남지역 직장인

다섯째, 미사지구는 강남에서 12~18km 떨어진 곳에 한강을 끼고 입지하고 있어 좋은 조망과 쾌적한 환경을 갖추고 있다. 서울~춘천 고속도로, 서울외곽순환도로, 올림픽대로 등이 인접해 있다. 또한 지하철 5호선과 9호선이 연장되는 교통의 장점을 가지고 있다. 미사지구 초기 분양가격은 3.3㎡당 1,300만 원 정도였으나, 시간이 지나면서 가격이 상승하고 있다. 지하철 5호선 연장선이 개통하는 2018년 이후에는 3.3㎡당 1,800만 원까지 상승할 것으로 예측되고 있다.

4장

외국의 신도시가 주는 시사점

1. 일본의 신도시 개발 ·········· 163
2. 일본의 신도시에서 나타난 문제들 ·········· 167
3. 일본은 신도시 건설보다 도시재생으로 전환 172
4. 문재인 정부 도시재생 뉴딜사업의 방향 ······ 191
5. 유럽과 미국의 신도시 ·········· 195
6. 해외 신도시 건설의 시사점 ·········· 200

1
일본의 신도시 개발

　일본의 신도시들은 대부분 1960~80년대 대도시 주택난 해소를 위해 건설되었다. 1960년 오사카 천리신도시를 시작으로 1966년 동경 다마신도시, 1965년 아이치현 고우조우지 신도시, 1969년 치바신도시, 1974년 고우후쿠신도시 등이 건설되었다.

　일본의 대표적인 다마신도시는 동경 도심에서 서쪽으로 약 30km 지점에 902만 5천평 규모, 인구 30만 명, 6만여 세대가 거주하는 신도시로 건설되었다. 일본이 건설한 46개 신도시 가운데 가장 성공적인 사례로 주목받고 있다.

　다마신도시는 1965년부터 주거, 휴식, 교육, 문화, 상업기능이 조화를 이룬 자족도시 건설이라는 목표아래 개발이 시작되었다. 일본 정부는 50년대 이후 급속한 산업화로 동경의 도시 인구가 급팽창 현상을 보이고, 늘어나는 인구로 주택난은 갈수록 심각해지고 땅 값은 치솟자 다마신도시 건설에 착수하게 된다.

　동경도는 주택도시정비공단 및 주택공급공사와 함께 「신주택시가지개발법」에 따라 1965년 말부터 90% 이상이 사유지였던 이곳

토지를 전면 매수하였다.

개발의 특징은 자연을 최대한 보존함으로써 환경과 인간과의 조화를 통한 인간중심의 도시를 건설한 점이다. 다마신도시의 녹지와 공원이 전체면적의 32%인 약 270만평을 차지하고 있다. 완전한 자족기능을 갖추도록 하기 위해 직주가 조화된 복합도시 건설을 위해 공공기관, 기업 등의 업무시설 유치를 추진하였다. 그러나 주택난 해소를 목적으로 건설된 결과 단지가 획일적이고, 주택면적이 좁아 다양한 수요를 수용하지 못하였다는 지적을 받고 있다.

현재 다마신도시 인구는 21만 명이고, 전체 인구의 16%를 고령자가 차지하고 있다. 임대료가 싸다는 점 때문에 고령자가 몰려드는 고령화 현상이 심화되었다. 이러한 고령화는 전용면적 $100m^2$를 넘는 주택에 노부부 또는 독거노인이 살기에는 규모가 지나치게 크다는 문제점을 낳았다.

향후 다마신도시의 인구는 2025년경에 정점을 맞이하고, 2050년에는 7%가 줄어들 것으로 예상되고 있다. 고령화율은 35%에 이를 것으로 추산되고 있다. 건축물이 노후화되고 있는 점도 해결방안이 필요하다.

다마신도시

출처 : 다마뉴타운 홈페이지

주민 차원에서는 아파트 재건축이 진행되고 있다. 공공임대주택에 대해서는 단지의 복지거점화로 고령자에게 살기 좋은 환경의 정비가 이루어지고 있지만, 시간이 지날수록 인구의 고령화와 건물 및 시설의 노후화가 심화되고 있다.

한편, 오사카 천리신도시는 大阪府 吹田市 · 豊中市일대 개발면적 1,160ha, 계획인구 15만 명, 주택 37,830세대로 건설되었다. 천리신도시 건설구상은 1956년경부터 검토되다가 1958년에 사업화가 결정되었다. 당초 2,500ha에서 시작되었지만 大阪府의 재정부족으로 1960년 최종안에서는 1,160ha로 결정되었다. 1961년에 착공하여 1962년에 최초로 입주가 시작되었다. 천리신도시 개발이 시작되면서 신도시 관련 새로운 법률도 정비되었다.

천리신도시는 일본최초의 신도시로 주목받고 있지만, 고령화와 노후화 등 많은 문제에 직면하면서 도시재생을 추진하고 있다. 부분적인 재생을 진행하고 있는데, 1990년대부터 활성화 필요성이 본격화 되었다. 2007년에는 吹田市, 豊中市, 大阪府, 도시재생기구, 大阪府주택공급공사, (재)大阪府타운관리재단이 연대한 '천리뉴타운재생지침'을 만들었다.

2012년에는 입주 50주년 기념행사를 진행하고 발전방안을 모색하였다. 그 결과 노후화된 단지의 재건축과 민간아파트의 건축이 추진되고, 인구와 어린아이 수가 조금씩 증가하고 있다. 인근 센터에서는 커뮤니티시설과 생활지원시설이 빈 점포에 입주하여 새로운 역할을 하고 있다. 주민들의 애착이 강하고, 자치회와 주민모임에 의한 활동도 활발히 전개되고 있다. 초기주민의 고령화가 진행되면서 공동주택의 재건축이 진행되는 지역에서는 젊은 가족의 모습도 보이고 있다.

천리신도시

출처 : 천리뉴타운 홈페이지

　천리신도시의 재생은 일본 국내 신도시뿐만 아니라 아시아 신도시의 롤 모델이 될 것이다. 우리나라보다 앞서 신도시가 건설되었고, 고령화와 도시화가 앞서 진행되고 있는 일본 신도시의 문제점과 도시재생과정을 잘 살펴보는 것이 우리나라 신도시 문제를 해결할 수 있는 방안을 찾는 것이다.

2
일본의 신도시에서 나타난 문제들

일본은 2005년 전체인구 1억 2,776만 명으로 정점을 찍은 뒤 인구 감소기에 접어들었다. 또한 2006년에 65세 이상 노인인구가 전체의 20%를 넘어서는 초고령사회로 접어 들었다. 인구감소와 고령화가 겹치면서 나타난 변화는 바르 베드타운형 신도시의 급속한 황폐화이다.

신도시를 가득 채웠던 단카이세대가[12] 고령화되고 새로 유입되는 인구가 줄면서 신도시는 '황혼의 올드타운'으로 전락하고 있다. 2018년부터 인구감소가 시작되는 동시에 고령사회로 진입하는 우리나라의 경우에도 베드타운으로 건설된 신도시들이 인구감소와 고령화의 문제를 겪을 수밖에 없어 대책이 필요하다.

---

[12] 단카이 세대(団塊の世代)는 일본에서 제2차 세계 대전 이후 1947년~1949년 사이 베이비붐으로 태어난 세대를 말한다. 인구수는 단카이 세대 직전보다 20%, 직후보다도 26%가 많은 약680만 명이다.

천리뉴타운과 다마뉴타운 비교

구 분	천리뉴타운 (千里ニュータウン)	다마뉴타운 (多摩ニュータウン)
개발면적	1,160ha	2,984ha
계획인구	15만명	30만명
2009년 인구	8만 9486명	21만 4520명
위치	오사카부	동경도
사업기간	1960~1969	1966~~2000
입주시기	1962	1971
가구수	4만 1031가구	8만 7566가구
도심과의 직거리	12km	30km
도심과의 통근시간	19분	50분
고령화비율	29.2%	15.3%

주) 인구수, 가구수, 고령화비율은 2009년 기준
출처 : 동경도, 오사카부

일본은 1961년 오사카 인근의 천리신도시를 시작으로 신도시 개발을 본격화했다. 1960년대 고도성장기 때 대도시 인구집중과 주택부족 문제를 해결하기 위해서였다. 일본 정부는 1963년 「신주택시가지개발법」을 만들어 신도시개발을 적극 추진하였다.

일본주택공단(현 도시재생기구)과 지방자치단체들은 도쿄와 오사카 등 대도시 인근에 46개 신도시를 건설하였다. 당시 이들 신도시는 한국 신도시 분양 때처럼 엄청난 관심을 끌었고 단카이세대가 대거 입주하였다. 그러나 저출산으로 가구 규모가 축소되고, 새로 유입되는 인구마저 줄면서 신도시부터 인구감소가 먼저 시작되었다. 천리신도시는 1975년 12만 9,000명을 정점으로 인구가 계속

감소해 2009년 8만 9,500명까지 줄었다.

다마신도시는 20년 내에 거주 인구가 절반으로 줄어든다는 전망까지 나오고 있다. 신도시는 고령화도 기존 도시보다 훨씬 빠르게 진행되고 있다. 1970년 2.8%에 불과하던 천리신도시의 65세 이상 고령자 비율은 2009년 말 29.9%까지 치솟으며 전국 평균 23%를 앞질렀다. 다마신도시의 고령화비율도 25%에 이른다.

저출산과 주민들의 고령화로 다마신도시는 1983년 이후 37개 초등학교 가운데 5곳이 폐교되었다. 중학교도 21개 중 5곳이 문을 닫았다. 폐교된 교실은 봉쇄되고 노인들이 건강 상담을 받고 있다.

천리신도시의 초기 입주 지역인 사타케다이(佐竹台)에서도 중심 상가의 40% 정도가 셔터를 내렸다. 젊은 층은 떠나고 소득이 줄어든 은퇴 고령자만 남은 탓이다. 다마신도시나 천리신도시는 고령층을 대상으로 하는 업종만 명맥을 이어가고 있다.

이처럼 고령화에 따른 문제가 불거지고 신도시 인기가 식으면서 집값 하락세도 가파르다. 다마신도시 아파트나 단독주택 가격은 20년 전보다 60% 이상 떨어졌다. 1988년 45만 엔이었던 다마신도시 주택지 공시가격은 2009년 17만 9,000엔이었다. 금융위기 이전 일본 부동산 가격이 반짝 상승해 도쿄 땅값이 10% 정도 뛰는 동안 다마신도시는 4%도 오르지 못했다. 집값이 싼 외곽 변두리에 외국인 노동자들이 많이 사는데 이제 신도시로도 외국인 노동자들이 들어오고 있다.

고령화와 인구감소에 따른 신도시 문제를 어떻게 풀 것인지에 대해 노후 아파트를 리모델링하고, 건물과 도로의 턱을 없애고, 어린이공원은 노인을 위한 녹지공간으로 바꾸는 수준에 그치고 있다.

젊은 층을 끌어들이기 위해 천리신도시는 노후화된 주택을 재건축하고, 근린상가 일부를 재정비하고, 임대주택을 재건축해 고령자용으로 만들고 있다.

일본은 1980년대 후반부터 주택공급을 위한 신도시 개발을 포기했다. 다마신도시도 1966년 개발 이후 매년 1,000~2,000채의 주택을 새로 짓다가 1996년부터 멈췄다. 이 때문에 동경도나 도시재생기구 등에서는 신도시 조성을 위해 확보한 택지개발지구 내 유휴지를 민간부동산회사에 팔고 있는 상황이다.

일본 신도시의 모습은 한국 신도시의 미래이다. 일본보다 한국이 더 걱정되는 이유는 고령화나 인구감소 속도가 훨씬 빠르기 때문이다. 분당, 일산, 평촌, 산본, 중동 등 1기 신도시는 일본 동경권 최초의 신도시인 다마신도시가 모델이다.

한국의 1기 신도시가 짧은 기간에 개발됐다는 점에서 고령화로 인한 파장이 더욱 심각할 것이다. 일본 신도시가 10~40년에 걸쳐 조성된 데 비해 한국 1기 신도시는 5~7년 만에 건설되었다. 이는 수십 년간 다양한 연령층이 입주한 일본과 달리 한국은 비슷한 세대가 동시에 입주했기 때문에 입주자가 한꺼번에 고령화되면 더욱 심각해진다.

한국은 여전히 전국 곳곳에서 대규모 택지개발지구와 신도시를 조성하는 사업이 한창이다. 2020년까지 2기 신도시들이 대부분 건설을 마치고 입주를 마무리할 것으로 전망되고 있다. 10년~20년 뒤 우리나라 신도시가 적정 인구를 채울 수 있을지 의문이다. 고층 아파트 위주의 개발보다 다양한 주택을 보급하는 방식으로 가야 한다. 직장과 주거가 분리된 기존 베드타운 신도시에 고령자가 집중되는 문제를 막으려면 주거 외에 업무기능을 대폭 보강해 젊은 층을 끌어들이는 게 중요하다13).

    1960년대를 전후하여 대량으로 건설된 일본의 신도시들은 시간이 지나면서 고령화와 건물과 시설의 노후화라는 문제에 직면해 있다. 주민들과 자치단체가 협의회를 구성하여 나름대로 자구책을 찾고 있지만 혁신적인 방안을 찾기에는 어려움이 많아 보인다. 노후화되고 있는 신도시에 활력을 불어 넣기 위해서는 젊을 층이 많이 모여들게 하는 일자리를 만들어 주는 방법밖에 없다.

---

13) 정임수, '日 신도시 쇠락을 통해본 한국 신도시의 미래', 동아일보, 2010.05.11. 네이버, 21세기 변화 연구 저널포탈

3
일본은 신도시 건설보다 도시재생으로 전환

일본의 경우 1960~80년대에 걸쳐 신도시가 많이 건설되었다. 그러나 도시외곽에 건설된 신도시 주민의 고령화와 시설의 노후와 등으로 더 이상 신도시 건설을 하지 않고 있다. 오히려 신도시를 포함한 구도심을 도시재생사업으로 전환하였다.

대표적인 도시재생이 오다이바개발, 미나토미라이21개발, 록봉기개발, 에비스가든개발, 미드타운개발 등이 있다.

🏠 동경 오다이바 (Odaiba)

오다이바의 개발목적은 세계화와 정보화에 대응하기 위한 동경 부도심 개발과 다양한 기능을 갖춘 이상적인 도시 건설이다. 오다이바는 동경도심 남측 6km 지역의 동경만 매립지에 건설된 부도심이다. 면적은 4,480,000㎡이며, 1988~2010년 사이에 개발되었다. 개발주체는 동경도가 매립과 기반시설조성을 담당하고, 주택국과 항만국 등은 공공시설 개발을 담당하였으며, 민간은 제3섹터 방식으로 참여하였다.

원래 오다이바는 제2차 대전 이후 공업용지와 동경도의 도심 쓰레기처리를 위한 매립장으로 사용되는 등 방치되었던 곳이다. 동경도에서 도심혼잡을 완화하기 위해 임해부의 개발을 진척시키고자 '임해부 부도심개발 기본계획'을 발표함으로써 오다이바 개발의 전기가 마련되었다.

오다이바 개발은 1단계(1995), 2단계(1996~2000), 3단계(2001~2003), 4단계(2004 이후)로 나뉘어 진행되었다. 오다이바 개발사업은 1986년에 제2차 동경장기계획에 오다이바를 부도심으로 선정하면서 시작되었다. 이후 1988년 임해부도심개발 기본계획 수립과 1989년 임해부도심 개발사업 추진되었다. 1996년 개발계획 재검토 및 기본방침 결정, 1997년 도로 등 각종 기반시설 확충 및 도시정비추진계획을 통해 개발이 본격화 되었다.

오다이바

출처 : 오다이바 홈페이지

오다이바는 지구별로 해변가의 상업·업무 복합지구인 다이바지구, 현대식 주거기능이 도입된 아리야케 키타지구, 국제 전시장 등이 입지한 컨벤션지구와 아리아케 미나이, 도시형 산업·연구개발지구인 아오미지구 등으로 구분되어 있다. 오다이바 지구는 상업, 업무, 주거, 문화, 휴식, 오락 등 모든 기능이 집적된 복합개발의 성공 모델로 알려지고 있다. 일본을 찾는 관광객이라면 누구나 한번쯤 방문하는 관광명소가 되었다.

요코하마 미나토미라이21

요코하마시는 일본의 수도 도쿄에서 남서쪽 약 30km 떨어진 가나가와현에 속한 항구도시이다. 일본에서는 동경, 오사카 다음의 제3위 도시이며, 인구 353만여 명, 면적 435㎢ 도시이다. 일본 도시 중 총소득 제2위 이며, 사업소 수와 종사자 수는 도쿄, 오사카, 나고야 다음으로 4위에 해당한다. 우리나라의 인천, 부산 등과 유사한 도시형태를 가지고 있어 이들 도시들은 요코하마를 모델로 개발되고 있다.

요코하마 미나토미라이21 프로젝트는 1989년 개최된 요코하마 박람회를 계기로 박람회장 및 박람회 시설물을 활용해 미래형 도시를 만든 이벤트형 도시재생의 좋은 사례이다. 낙후된 요코하마 항과 주변지구를 재활성화 하고자 요코하마 항과 주변을 계획에 따라 재개발하였으며, 현재도 진행되고 있는 도시수변 재개발의 대표적인 사례이다. 미나토미라이21 프로젝트는 한국과 중국에 밀려 경쟁력이 떨어진 조선소와 관련 시설, 부두를 다른 곳으로 이전하고 그 부지를 활용해 임항파크를 비롯한 공원녹지로 조성하고, 업무·쇼핑·음악과 미술·엔터테인먼트가 공존하는 미래형 도시모델을 창조하고자 하였다.

주요 시설로는 요코하마 미술관, 요코하마 미나토미라이 콘서트홀, 니혼마루(일본 초기의 범선)를 활용한 기념공원, 석조 독(Dock)을 개량한 독야드 가든, 요코하마 아이(회전 관람차) 등으로 구성되었다. 사업기간은 1982~2010년 이었으나, 본격적 개발은 1991년~1994년 4년간 진행되었다. 일본 정부와 요코하마시, 민간기업, 제3섹터인 'Pacifico Yokohama Corp'가 공동 참여하였다. 일본정부와 요코하마시는 매립·항만정비 등 기반시설의 조성과 미술관 등 공공시설의 건립을 담당했다. 민간기업은 업무시설·상업시설·문화시설 등을 담당해 개발의 신축성과 공공성 확보 등 균형성을 갖추도록 하였다.

미나토미라이21 사업목적은 첫째, 요코하마 자립성 강화였다. 미나토미라이21 계획에 의해 두개의 도심을 일체화하고, 여기에 기업·쇼핑·문화시설 등을 집적하여 시민들의 고용창출과 경제활성화 및 경제기반을 확립하여 요코하마의 자립성을 강화하는데 목적이 있다.

둘째, 항만기능의 질적 전환이다. 해변에 임해파크·니혼마루 메모리얼파크 등의 공원과 녹지를 정비하고, 시민들이 쉴 수 있는 워터프런트 공간을 만들고, 국제교류기능·항만관리기능을 집적한다는 것이다.

셋째, 수도권의 업무기능 분담이다. 수도권의 균형적인 발전을 목표로 동경에 집중되어 있는 수도기능을 분담하는 최대의 지역으로서 업무·상업·국제교류 등의 기능을 집적하고 확대하는 것이다.

미나토미라이21 개요

구 분	내 용
전체면적	· 186ha (약 37만평)
인구	· 취업인구 19만명 (거주인구 1만명)
사업기간	· 1983년~2010년
토지이용계획	· 택지상업·업무·주택 등 : 87ha · 도로·철도용지 : 42ha · 공원·녹지 등 : 46ha · 부두용지 : 11ha
건설투자 (1983~2004년)	· 전체투자액 : 약 1조 5,319억엔 · 시비 투입액 : 약 1,155억엔
경제파급효과	· 설비투자 등에 의한 중간수요 : 약 5,144억엔 · 소비수요 : 약 3,702억엔 · 연간 시 경제 파급효과 : 약 1조 1,233억엔 · 재정에 기여 : 약 107억엔
2006년 기준	· 사업장수 : 1,140사 · 취업인구 : 약 5만 6천명 · 방문자 : 약 4,700명 · 桜木町駅 승객수 : 1일 약 26만 9천명, 연간 약 9,823만명

　　미나토미라이21 개발은 좋은 평가를 받고 있다. 매력적인 수변공간 창출이 도시경쟁력 확보에 중요한 자원임을 인식하게 한 도시 수변공간의 성공적 개발사례이다. 또한 공공부문과 민간부문의 협력체계에 기반을 둔 개발의 신축성과 공공성 확보 사이의 균형을 맞추었다는 점이다. 또한 문화를 중심으로 과감한 도시재생 전략을 취함으로써 물리적 공간 개선뿐 아니라 실질적인 측면에서 공간개선이 병행됐다는 점에서 의미가 있다. 그리고 40년간 행정의 지속성의 결정체이며, 20년의 구상기간에 6년간의 고민에 의해 만들어진 인간중심의 수변도시 건설이다.

미나토미라이21

출처 : 미나토미라이 홈페이지

　뿐만 아니라 조선소 도크, 근대 보세창구(아카랭카) 등 역사적 시설물들을 그대로 활용하여 관광 상품화 하였으며, 철로 및 철교를 산책로로 활용하였다. 그 결과 2006년 방문객 4,700만명, 19조 경제효과, 항만구역으로 이전기업 1,100여개 등 국제비지니스 중심지로 부상하였다. 요코하마를 방문하는 관광객이라면 꼭 가보고 싶은 명소가 되었다.

🔺 동경 록봉기 힐스

　록봉기 힐스 개발사업은 노후화된 동경도심의 시가지를 재개발하기 위한 목적으로 시작되었다. 사업지는 '동경도 미나토구 록본기 6죠메' 주변으로 동경 도심에서 20분 거리로 지하철 록본기역에서 직접 연결되어 있다.

이 사업은 재개발 조합원 400여명과 민간 부동산개발회사인 '모리개발주식회사'가 사업주체가 되어 공동으로 추진하였다. 록봉기 힐스 개발사업은 록봉기지역 일대를 국제·문화 도심으로 건설한다는 목표로 추진되었다. 록봉기 힐스를 개발하여 파리·뉴욕 같은 국제도시를 모델로 동경의 문화적 수준을 향상시키기 위한 컬츄럴 센터를 건설한다는 것이 목적이었다.

　개발사업은 부지면적 25,600평, 연면적 219,000평, 총사업비 4,700억 엔이 투입되었으며, 개발 당시 일본 최대 규모의 복합개발사업이었다. 이 사업지에 업무·주거·호텔·상업·문화시설 등을 집적시키고, 기존의 녹지를 보존시켜 공원과 광장 등을 정비한 환경 친화적인 복합개발사업으로 평가받고 있다.

　개발사업 과정은 1986년 록봉기 재개발지역으로 지정하고, 1990년 '록봉기 재개발 준비 위원회'를 구성하였으며, 1998년도에는 재개발조합이 결성되어 사업이 진행되었다. 1998~2000년 마스터플랜 및 필요한 업무를 거쳐 2000년 공사에 착수하여 3년간의 공사를 거쳐 2003년 봄에 준공 하였다.

　록봉기 힐스는 A, B, C지구로 구분하여 A지구 약 2,000평을 지하철 히비야선(日比谷線) 록봉기역에서 지하 통로로 연결시켜 역세권 프라자를 정비하고, 점포·학교 등으로 구성된 복합건물을 배치하였다.

　B지구는 지구중앙으로 17,939평에 54층, 238m 높이의 건물에 사무실, 390객실의 국제호텔, 아사히 방송국, 시네마 콤플렉스, 모리미술관 등 다양한 도시기능을 집적시켰다. 또한 기존의 연못과 녹지를 살려 공원과 광장으로 정비하였다.

C지구는 주택지에 인접하는 지역으로 6,300평에 4개동 약 840호의 주택을 정비하여 약 2,000명의 거주인구가 살 수 있도록 하였고, 주변에 중간규모의 오피스 건물을 입지 시켰다.

록봉기 힐스 개요

구 분	내 용
사업자	• 모리빌딩 • 재개발조합(400명)
위치	• 동경도 미나토구 록봉기 6쵸메 • 록봉기역에서 직접연결, 동경도심에서 약 20분 소요
사업면적	• 84,801㎡(약 25,600평)
연면적	• 724,524㎡(약 219,000평)
주요시설물	• 주요빌딩 1개(모리타워 : 지하 6층, 지상 54층) • 오피스·주거빌딩 5개

총 사업비	• 총사업비 4,700억엔
	  - 투자비 : 약 2,700억엔
	  - 부지매입비 : 약 2,000억엔(781만엔/평)

주요사업 과정	• 1986년 : 록봉기 재개발지역 지정 • 1990년 : 록봉기 재개발 준비 위원회 구성 • 1998년 : 재개발 조합결성 • 1998~2000년 : 마스터플랜 작성 및 기타작업 • 2000년 : 공사착공 • 2003년 : 준공
개발배경 및 컨셉	• 국제도시에 부합하는 동경시의 문화기능을 수행하기 위한 컬쳐허브로 육성하기 위한 프로젝트 • 54층 업무빌딩, 고급주거, 호텔, 아사히TV, 일본최초의 버진 시네플렉스 등 복합개발

록봉기 힐스

출처: 록봉기힐스 홈페이지

록봉기 힐스 개발사업은 다음과 같은 점에서 높게 평가받고 있다. 첫째, 업무·상업·주거·교육·문화시설이 입지하도록 복합개발 되었다. 특히 모리아트센타·싱크센터는 여타 개발사업과 차별화되는 문화적 코드를 도입하여 뉴욕 아트센터와 연계되어 운영되고 있다.

둘째, 동경 최대 규모의 오피스 중의 하나인 모리타워에는 리먼브러더스·골드만삭스 등 유명 외국계 기업이 입주하여 업무기능을 담당하고 있다. 아사히 방송센터가 단지전체의 핵심적 역할을 수행하여 자족기능을 높이고 있다.

셋째, 고급 주거시설은 조합원 400명을 전망이 좋은 상층부에 배정하여 개발을 둘러싼 조합원들과의 마찰을 줄였으며, 기타 도심주거의 고급화 이미지를 부각시켰다.

넷째, 디자인이나 프로그램도 일반고객의 접근이 용이하도록 설계하여 단지전체의 활성화를 도모하였다. 일본 최초의 버진시네플렉스 상영관을 오픈하여 내방객의 집적효과를 높였다.

다섯째, 오픈 전부터 프로젝트 홍보관인 싱크센터에서 문화이벤트 개최 등을 통한 독특한 홍보와 프로젝트질의 차별화가 높이 평가되고 있다.

🔺 동경 미드타운(Tokyo Midtown)

동경 미드타운개발은 문화도시를 컨셉으로 職·住·遊가 어우러진 문화복합도시를 건설하는데 목적을 두었다. 미드타운은 미쓰이부동산이 주체가 되어 동경도 미나토구 아카사카 9번가에 있던 구 방위청 철거지를 재개발하였다.

시행자는 미쓰이부동산 컨소시엄이며, 미쓰이부동산, 전국공제농업협동조합연합회, 메이지야스다보험, 더동생명보험, 부국생명보험, 세키스이하우스 등이 컨소시엄으로 참가하였다. 시공사는 다케나카(竹中), 다이세이건설(大成建設)이 맡았다. 사업방식은 민간주도의 도심 재개발방식이며, 자금조달과 개발 후 자산관리를 미쓰이부동산이 맡았다. 대지면적 227,760㎡(68,900평), 연면적 1,028,760㎡(311,200평)으로 총사업비 3,700억 엔(한화 3조 1천억 원)이 투입되었다. 주택 117,500평 (517가구), 호텔 3,800평(248실), 상업시설 71,000평, 기타 20,300평으로 개발되었다.

미드타운

출처 : 미드타운 홈페이지

1988년 행정기관 이전 등의 내각 결정에 따른 부지 매각 방침에 따라 2001년 토지 매수 후 2006년까지 6년간의 비교적 짧은 시간에 도심재개발이 완성되었다.

미드타운의 교통은 동경 오에도선의 록봉기역 8번 출구와 직결되어 있으며, 동경메트로 히비야선 록봉기역과 지하통로로 연결되어 있다. 동경메트로 치요다선의 노키자카역 3번 출구로부터 도보로 3분 거리이다. 히노키마을 공원측은 동경메트로 지요다선의 아카사카역으로부터 도보 10분 거리이다. 동경메트로 난보쿠선의 록봉기 잇쵸메역 1번 출구로부터 도보 10분 거리에 있다.

미드타운의 주요시설로는 지하 5층, 지상 54층, 높이 248m의 미드타운타워 건물이다. 미드타타워 건물의 6~44층은 USEN, 시스코시스템즈, 야후, 허드슨 등 기업이 입주해 있다. 또한 45~53층은 더리트칼튼 도쿄호텔로 영업하고 있다. 미드타운·이스트는 지하4층, 지상 25층, 높이 114m 건물이다. 지하1층~11층은 코나미그룹 본사가 입주해 있으며, 12층~24층은 아파트가 입주해 있다. 미드타운·웨스트는 지하 3층, 지상 13층 건물로 후지필름 홀딩스가 입주해 있다.

더파크레지덴시즈는 지하 2층, 지상 30층, 높이 108m의 아파트이다. 가든 사이드는 지하3층, 지상9층으로 산토리 미술관 건물이다. 오크 우드 프리미어 도쿄 미드타운은 서비스아파트, 가든테라스, 레스토랑거리, 오픈테라스 건물이다. 그 외에도 갤러리아, 카페, 레스토랑, 스튜디오, 꽃길을 중심으로 한 녹지 등으로 구성되어 있다.

🏠 동경 에비스가든 플레이스

　에비스 가든 플레이스 개발사업은 삿포로맥주공장 이전 부지를 복합재개발한 사례이다. 사업지인 '동경도 시부야구 에비스 4-20' 일대 부지 약 25,000평에 연면적 44,000평으로 개발하여 업무·상업·주거·숙박·문화·오락시설을 집적시킨 복합개발 사업이다.

　에비스 가든 플레이스 개발사업은 삿포로맥주공장과 시가지의 노후화에 따른 재개발사업으로 진행되었다. 시가지와 공장의 노후화 문제로 고심하던 중 도심지구의 유효이용과 경영의 다각화를 위하여 복합재개발을 추진하게 되었다. 전체 단지 중에서 오픈스페이스를 최대한 확보하며, 환경친화적인 디자인 요소를 도입한 업무·주거·상업·숙박·문화·오락 기능을 가진 복합단지를 건설한다는 목표아래 서구의 정원도시를 목표로 부지면적의 60%를 열린 공간으로 만들었다.

　에비스 가든 플레이스 개발사업은 1985년에 삿포로맥주공장 이전을 결정하고, 동경도 도시계획국이 삿포로맥주공장을 중심으로 하는 인근 112,000평의 지구에 대해 특정시가지 종합정비촉진사업의 적용을 결정하였다. 그 후 1986년 6월 삿포로맥주주식회사를 사업주체로 하는 에비스개발이 설립되었으며, 동경도가 에비스지구 정비계획을 발표하였다. 1988년 6월 삿포로맥주공장이 치바현으로 이전하고, 1989년 기본설계를 실시하고, 1990년 6월 실시설계를 개시하였다. 1991년 8월 공사가 착공되었으며, 3년 후인 1994년 10월 8일 공사를 완료 하였다.

　에비스가든 플레이스 재개발사업은 업무·상업·주거·숙박·

문화·오락 기능 등을 집적시킨 복합재개발로 약 2,950억엔의 사업비가 투입되었다. 업무기능으로는 에비스 가든 플레이스타워가 지상 40층, 연면적 약 49,000평으로 건설되어 삿포로맥주 본사가 입주해 있다. 상업기능으로는 에비스미츠코시 백화점이 연면적 5,500평 규모로 입지하고 있으며, 음식시설로 에비스스테이션이 연면적 1,600평 규모로 입지하고 있다. 주거기능으로는 가든테라스 1번관이 290세대(분양) 15,240평 규모로 건설되었고, 가든테라스 2호관은 220세대(임대)로 건설되었다.

에비스 가든 플레이스 개요

구 분		내 용
위 치		동경도 시부야구 에비스 4-20
면 적		24,900평(연면적 144,000평)
용적률 및 건폐율		용적률 574%, 건폐율 38%
개발동기		공장의 노후화, 도심지구의 유효이용, 경영의 다각화
개발컨셉		서구의 정원도시 목표, 부지면적의 60%를 열린공간으로 조정
개발기간		1987-1994(8년)
시설 구성	업무기능	• 에비스가든 타워(지하 5층, 지상 40층, 연면적 49,000평) • 삿포로맥주 본사(지하 3층, 지상 7층 연건평 6,560평)
	상업기능	• 惠比壽三越(지하 2층, 지상 2층 연건평 5,469평) • 비어 스테이션(1,576평/1,511석)
	문화·오락 기능	• 가든홀(193평), 가든룸(80평), 에비스가든 시네마 1,2 (348석), 동경 사진미술관
	숙박기능	• 웨스튼호텔 토쿄(지하 5층, 지상 23층, 객실 445실, 연면적 21,985평)
	주거기능	• 가든테라스 일번관(분양 290호, 최고 4억엔, 평균 1억엔) • 가든테라스 이번관(임대 220호) • 에비스 뷰타워(주택도시공단 임대 520호)

에비스 가든 플레이스

출처 : 에비스 가든 플레이스 홈페이지

숙박기능으로는 웨스턴호텔 도쿄가 입점하여 지상 23층, 연면적 22,000평, 445개의 객실로 운영되고 있으며, 문화·오락기능으로는 가든홀 200평, 가든룸 80평, 시네마극장 348석, 동경 사진미술관 2,890평이 건설되었다. 1985년부터 1994년 사이에 진행된 에비스가든 플레이스 재개발사업은 동경도 정책 'My Town Tokyo 구상', '에비스 지구정비계획', '시부야·메구로구 기본구상', '특정 시가지 종합정비촉진사업'에 근거하고 있다.

에비스 가든 플레이스 개발사업은 성공적인 사업으로 평가받고 있다.

첫째, 민간·공공이 사업주체로서 강력한 사업추진이 용이했다. 삿포로맥주주식회사가 공장 부지를 제공하여 대주주로 주요한 역할을 담당하고, 동경 주택정비도시공단이 공동으로 사업을 추진하여 시너지효과를 가져왔다.

둘째, 고급화를 지향하는 개발이다. 미쓰코시백화점, 웨스턴토쿄 등 인지도 높은 업체가 입주하였으며, 고소득층이 주거지에 유입되어 고급화 개발의 결과를 가져왔다.

셋째, 환경친화적 개발로 평가가 높다. 단지 내 중간부분에 공유할 수 있는 오픈 플라자 배치와 부지 너의 60%를 오픈스페이스로 제공하였으며, 환경친화적 디자인이 도입되어 도시의 쾌적성을 부각시켰다.

넷째, 외국계 금융기관을 포함한 업무기능의 확충이다. 오픈 당시 사무실 입주율이 95%를 초과하였으며, 이중 모건스텐리, PWC 등 외국계 유명회사들이 30%이상 입주하였다.

다섯째, 집객력이 뛰어난 개발이다. 오픈 12일 만에 약 120만명이 방문하였으며, 2001년까지 1억명의 방문객이 다녀갔으며 연평균 약 1,200만 명이 방문하고 있어 집객력이 뛰어난 개발이 되었다.

🔺 일본 도시재생사업의 시사점

일본 도시재생사업은 우리나라와 달리 지역적 특성과 입지적 장점을 살려 다양한 형태로 복합개발되는 것이 특징이다.

첫째, 도시재생 기능의 다양화이다. 우리나라의 경우 주거·상업 기능이 중심인데 비해, 일본의 경우 주거·상업·업무·문화·숙박·방송·영화관·공원 등 다기능 복합개발이다.

일본의 대표적인 도시재생

구 분	시 설
동경 오다이바	아파트, 쇼핑몰, 업무시설(IT업종), 컨벤션센터, 호텔, 해수욕장, 방송국(후지TV), 영화관, 놀이시설(조이폴리스) 등
요코하마 미나토미라이	주거용, 랜드마크빌딩(업무용, 쇼핑몰), 놀이시설, 아카렌가 쇼핑몰, 호텔, 컨벤션센터, 전시시설 등
동경 록봉기힐스	고급아파트, 임대아파트, 랜드마크빌딩(업무용, 미술관), 방송국(아사히TV), 쇼핑몰, 명품거리, 호텔, 인공공원 등
동경 미드타운	아파트, 업무시설, 쇼핑몰, 호텔, 산토리미술관, 공원 등
동경 에비스가든	백화점(미쓰코시), 랜드마크빌딩(업무용), 분양아파트, 임대아파트, 호텔, 사진박물관, 비어시음장, 영화관

둘째, 문화시설을 도입하여 도시의 가치를 높이는 개발이다. 우리나라의 경우 아파트, 상업시설만 개발하고, 분양하여 분양수익만 챙기는 방식인데 비해, 일본의 경우 문화시설(미술관, 전시관, 박물관, 영화관 등), 공원 등을 입지시켜 장기적으로 도시의 가치를 높이는 개발을 하고 있다.

셋째, 집객력을 높이는 시설을 입지시켜 수익성을 높인다. 쇼핑몰, 백화점, 랜드마크빌딩 전망대, 호텔, 미술관, 영화관, 명품거리 조성 등 집객력을 높이는 시설을 입지시켰다. 집객력을 높이는 시설들은 개발지 전체 상권의 활성화와 수익성을 높이는 기능을 한다.

넷째, 지역개발을 병행한 지역명소화 전략이다. 일본의 경우 건물만 신축하는 단순한 재개발·재건축이 아닌 지역개발과 지역명소화 전략을 추구한다. 도시재생을 통해 지역을 대표하는 랜드마크로 만들어 국내외 관광객이 찾아오는 명소화 전략을 추구한다.

일본 도시재생사업의 지역개발 전략

구 분	개 발 내 용
동경 오다이바	매립지 개발을 통한 임해부도심 개발
요코하마 미나토미라이	조선소 이전부지의 개발을 통한 지역개발
동경 록봉기힐스	도심 낙후지역 재개발을 통한 지역명소 개발
동경 미드타운	구 방위청 부지의 개발을 통한 도심명소 개발
동경 에비스가든	낙후된 삿포로 맥주공장 부지를 개발하여 지역명소 개발

다섯째, 장기적 관점의 사업추진이다. 일본의 경우 철저한 준비를 통한 10년 이상의 계획수립과 장기적 관점의 사업추진으로 실패의 확률을 줄이고 있다. 그러나 장기적 관점의 사업 추진은 실패 확률을 낮출 수 있지만, 시간 및 금융비용 많이 드는 단점도 있다.

일본 도시재생사업 기간

구 분	개발기간	개발시간
동경 오다이바	1988~2010년	22년
요코하마 미나토미라이	1982~2010년	28년
동경 록봉기힐스	1986~2003년	16년
동경 미드타운	1988~2006년	18년
동경 에비스가든	1985~1994년	9년

한국과 일본의 부동산개발 또는 도시재생사업은 장단점이 있다. 한국의 개발사업은 속도감, 추진력, 단기개발에 유리한 장점이 있으나, 실패확률이 높고, 주먹구구식 개발이 되기 쉽고, 단기적 분양이익만을 추구하는 단점이 있다.

일본의 경우 치밀한 계획으로 실패확률을 줄이고, 미래지향적 개발, 장기적 이익을 추구하는 장점이 있으나, 사업의 추진속도가 늦고, 금융비용 등 사업비가 증가하는 단점이 있다.

한국과 일본의 도시개발 장단점

구 분	한국	일본
장점	• 속도감 • 추진력 • 단기간 개발에 유리	• 치밀한 계획 • 실패확률을 줄임 • 미래지향적 개발 • 장기적 이익을 추구할 수 있음
단점	• 실패확률이 높음 • 주먹구구식 개발 • 근시안적 개발 • 단기적 분양이익 추구	• 추진속도가 늦음 • 금융비용 등 사업비 증가

4
문재인 정부 도시재생 뉴딜사업의 방향

문재인 대통령은 대선공약으로 매년 10조씩 50조를 투입하는 도시재생 뉴딜정책을 공약한 바 있다. 향후 우리나라 도시개발 패러다임이 재개발과 재건축에서 도시재생으로 변해 갈 것으로 전망되고 있다.

도시재생이란 낙후된 기존 도시에 새로운 기능을 도입하고, 창출함으로써 도시를 경제적·사회적·물리적으로 부흥시키는 것을 말한다. 즉, 쇠퇴하고 낙후된 구도시를 대상으로 삶의 질을 향상시키고 도시경쟁력을 확보하기 위하여 물리적 정비와 함께 사회적, 경제적 재활성화를 추진하는 일이다.

도시재생은 도시커뮤니티 유지 및 활성화 과정적 활동으로써 이해관계자간의 의사결정 시스템을 중시한다. 기존 거주자의 지속적인 생활여건 확보를 위한 물리적인 측면, 사회·문화적 기능회복을 위한 사회적 측면, 도시경제 회복을 위한의 경제적 측면을 동시에 고려하는 통합적 정비개념이다. 선진국에서는 도시재생이 실천적인 사업과 연계되어 다양한 방식으로 추진되고 있다.

외국의 도시재생 방향을 보면 미국에서는 커뮤니티 운동과 중심시가지 활성화 사업이 연계되어 있다. 일본에서는 마을만들기 운동차원의 사업이 연계되어 있으며, 영국에서는 근린지역 재생운동과 연계되어 있다.

  우리나라의 도시재생은 아직 개념 정립단계로서 기성시가지의 재활성화와 도시공간구조의 기능재편을 통한 신·구 도시 간 균형발전을 도모한다. 또한 낙후된 기성시가지 재생을 통한 도시경쟁력을 제고하며, 미래사회 삶의 질 향상을 위한 지속가능 한 도시발전모델을 확립함으로써 도시경쟁력을 제고한다.

  도시재생의 목표는 첫째. 쇠퇴지역 주민 삶의 질 향상을 위해 생활복지 구현과 쾌적하고 안전한 정주환경 조성 등에 목표를 두고 있다.

  둘째, 쇠퇴지역과 쇠퇴도시의 경쟁력 강화를 위해 일자리 창출과 도시경제 활성화에 목표를 두고 있다.

  셋째, 도시의 정체성 회복을 위해 지역 정체성 기반의 문화가치와 경관회복에 목표를 두고 있다.

  넷째, 주민 참여형 도시계획의 정착을 위해 주민 역량강화와 공동체 활성화비전 및 국민이 행복한 경쟁력 있는 도시 재창조에 목표를 두고 있다.

  향후 도시재생은 첫째, 지역의 사회·경제적 맥락이 존중되어야 한다. 도시재생은 장소가 갖고 있는 다양한 맥락을 이해하고 쇠퇴지역의 활력과 매력을 되찾아 자발적으로 커뮤니티의 지속적인 발전을 도모하기 위한 것이 되어야 한다.

서울 도시재생지

둘째, 주민을 중심으로 재생사업이 추진되어야 한다. 지역 스스로가 지역문제를 진단하고, 개선책을 기획하며, 주도적으로 추진하는 경험 자체가 지역의 자생역량을 키우는 것이다.

셋째, 관련 주체들의 협력을 통한 파트너십이 필요하다. 도시재생사업은 지역의 필요와 여건에 기반한 기획과 추진이 필수적이다. 지역 주체들의 자율적 참여 없이는 재생사업 자체가 성과를 기대하기 곤란하다.

넷째, 경쟁원리를 원칙으로 한 재생사업 지원이다. 국가는 지역지원을 수단으로 각 지역의 자생적 역량강화를 위해 필요한 각종 노력들을 유도하고, 견인하는 정책이 필요하다.

문재인 정부가 지난 대선 때 공약으로 걸었던 도시재생 뉴딜사업의 추진을 위해 국토교통부는 2017년 7월 '도시재생사업기획단'을 공식시켰다. 정부는 5년간 총 50조 원을 투입해 500곳의 옛 도심과 노후 주거지 등을 되살리겠다는 청사진을 마련하고 올해 안에 첫 사업 지역을 선정할 방침이다. 그러나 재원마련, 사업의 효과성, 주민들의 전문성 등 해결해야 할 과제가 많다.

가장 중요한 것이 재원마련이다. 정부는 매년 투입될 10조 원의 예산을 주택도시보증공사의 주택도시기금 5조 원, 공기업 재원 3조 원, 국비 2조 원으로 충당할 계획이다. 문제는 이들 기관들의 부채가 상당한 상황에서 또다시 재정 부담을 지우는 것이 바람직한지에 대한 문제이다. 또한 도시재생 뉴딜사업의 성공을 위해서는 사업지 선정기준과 사업방식 등에 대한 구체적 매뉴얼을 만들어 문제를 효과성을 검증하면서 사업을 진행하는 것이 바람직할 것이다. 조급하게 사업을 추진하다가는 지역특성을 반영한 도시재생사업이 되지 못하고 형식적 사업으로 전락하여 아까운 혈세만 낭비하는 결과를 초래할 수도 있다. 그리고 도시재생사업을 추진하는 주체인 주민들의 도시재생에 대한 전문성도 부족하다.

문재인 정부의 도시재생 뉴딜사업 내용

구분	내 용
시기	연내 지정 시작해 매년 100곳씩 5연간 500곳 사업진행
대상	노후 저층 주거지, 구도심, 전통산업 집적지, 재래시장, 쇠퇴한 농촌지역
방식	• 매년 10조원씩 5년간 총 50조원 공적재원 투입 • LH, SH등 공공기관 주도 • 노후주택을 공공임대주택으로 활용 • 저소득층 주거 및 영세상업공간 확보 등으로 젠트리피케이션 대응
특징	• 주거문제 해결을 위한 재정지원 강화 • 소규모, 단위사업 중심의 접근 • 농어촌 등 기존 도시재생 사각지대 포함 • 공기업 및 기금역할 확대

출처 : 국토연구원

5
유럽과 미국의 신도시

유럽과 미국의 대표적 신도시로는 영국의 밀턴케인즈 신도시, 미국 컬럼비아 신도시, 독일 크론스베르크 신도시, 프랑스 세르지 퐁투아즈 신도시 등이 있다.

첫째, 영국의 밀턴케인즈는 런던 북쪽 84km 지점 런던과 버킹검 중간에 위치하고, 2,670만평 규모로 개발되었다. 계획인구 20만 명, 주택수 8만 가구로 건설되었으나, 현재 거주인구 16만 5천 명, 주택수 7만 5천 가구이다.

사업기간은 1967년~2006년으로 약40년에 걸쳐 개발되었다. 주택건설은 23,672동(임대 77%, 분양23%)이며, 공단, 업무용지, 도로를 우선적으로 건설하였다. 주택건설의 2/3를 지방당국이 건설하고, 1/3을 민간개발업자가 건설하였다.

사업비는 1981년 기준으로 700백만 파운드(한화 8,159억 원)로서 개발공사가 48%, 지자체와 공공단체가 24%, 민간기업이 28%를 담당하였다.

밀턴케인즈는 기존의 숲이나 녹지를 훼손하지 않고 전통과 첨단이 공존하는 도시로 건설되었다. 6층까지 허용된 일부 중심지역을 제외하고는 모두 3층으로 층고가 제한되어있다.

공원관리위원회라는 독립기구를 설치 매년 110만 그루의 나무를 심고 있으며, 그 결과 신도시 전체의 1,400만 그루의 나무가 거대한 숲과 녹지를 이루고 있다. 아울러 3,000여개의 국내외 기업 및 공장을 입주시켜 주거와 산업지역이 조화를 이룬 자족도시로 자리매김하고 있다.

영국 밀턴케인즈

영국의 밀턴케인즈

위치	런던과 버킹검 중간(런던 북쪽 84km)
면적	88,264천㎡ (여의도의 30배)
주거인구	165,000명(주택수 : 75,000가구)
계획인구	200,000명(주택수 : 80,000가구)
사업기간	1967 ~ 2006년이후

출처 : 국토부 홈페이지

둘째, 미국 컬럼비아 신도시는 볼티모어와 워싱턴 사이에 위치한 면적 14,272ha, 거주인구 88,254명, 주택수 34,199가구의 신도시이다. 1963년 10월부터 1964년 11월까지 신도시의 마스터플랜이 수립되었다.

계획에는 토지이용, 개발밀도, 단계적 개발계획, 경제개발계획 등 다양한 내용을 담는 것이었다. 보다 광범위한 의견수렴을 위하여 전국에서 교육, 의료, 여가, 경제, 심리 전문가 등을 초빙하였다.

수개월간의 협동작업을 통하여 계획수립뿐 아니라 집행 및 운영 과정에 대해서도 심도 있는 논의가 이루어 졌다. 주요시설의 입지뿐 아니라 이용 및 운영프로그램에 있어서도 혁신적인 제안이 이루어진 것이 특징이다.

컬럼비아 신도시의 목표로는 주민들의 삶의 질을 높이고, 개인의 자유를 보장하며, 시장경제를 활성화 시키는데 주안점을 두었다. 또한 평생교육을 통하여 늘 교육받을 수 있는 기회제공, 여가시설의 확충을 통한 삶의 질 제공, 주민들의 욕구에 부응하는 서비스차원의 행정시스템구축, 지역 내의 고용 창출 등에 역점을 두고 개발이 되었다. 컬럼비아 신도시는 연령이나 소득 수준, 인종, 전통과 진보에 관계없이 다양한 계층의 사람들이 어울려 살 수 있도록 설계되었다.

셋째, 독일 크론스베르크 신도시는 하노버 남동쪽 8km 지점의 농업지역으로 하노버 국제전시장과 연접하여 있는 160ha 규모의 신도시이다. 이 신도시에는 약 6,000가구의 입주를 계획하였으며, 환경친화적 개념을 도입하였다.

사업의 주체는 하노버시청, 지역의 개발업자, 주택투자자, 크론스베르크의 환경운동단체 등이다. 지속적인 협의 속에 투자자에 대한 정보와 협의, 주민참여, 다양한 설계아이디어의 공모, 경관·토지·지구단위계획의 수립, 부분지역에 더한 투자자와의 설계계약, 대규모적인 재정지원 등이 프로젝트에 담겨 있었다.

크론스베르크는 1990년 하노버시가 파리의 국제전시 경선에서 2000년 EXPO의 장소지로 결정되면서 EXPO와 걸 맞는 선진적 개념의 주거단지를 공급하기로 하면서 사업이 시작되었다.

독일 크론스베르크

독일의 크론스베르크 신도시

위치	하노버의 남동쪽 8km 지점
면적	140ha
주거인구	15,000인
주택수	6,000호
사업기간	1990 ~

출처 : 국토부 홈페이지

연방정부, 주정부, 하노버시, 각 지자체가 상호 계약을 하여 전체사업을 추진하였다.

넷째, 프랑스 세르지 퐁투아즈 신도시는 파리 북동쪽 30km떨어진 곳에 규모 8,073ha, 거주인구 18만 명, 주택수 6만 가구로 건설되었다. 1965년 파리 광역계획에 따라 입지가 선정되었으며, 우아즈강을 끼고 '말발굽' 모양의 중심지를 개발하였으며, 수상과 육상레포츠 단지도 개발되었다.

프랑스 세르지 퐁투아즈

프랑스의 세르지 퐁투아즈

위치	파리로부터 북동쪽 30km
면적	8,073ha
주거인구	179,428인
주택수	59,211호
사업기간	1965 ~

출처 : 국토부 홈페이지

1971년부터 입주가 시작된 신도시 인구는 1999년 178,000명이며, 그 중 원주민은 41,000명이다. 도청이 입지하고 있으며, 대학교와 그랑제꼴, 대형할인점, 여가시설 등이 잘 갖추어져 있고, 3,500개의 기업이 약 80,000개의 일자리를 제공하고 있다. 직주균형을 유지하기 위해 신규주택 공급에 제한을 두고 있다. 또한 자연보전지역이 개발압력에 의해 조금씩 잠식되어 감에 따라 이들 지역의 보존과 개발압력의 분산을 위해 주변 꼬뮌을 편입시켜 신도시 확장을 꾀하고 있다14).

---

14) 국토부 홈페이지

6

해외 신도시 건설의 시사점

지금까지 일본을 포함하여 유럽과 미국의 대표적 신도시들의 개발과정을 살펴 보았다. 영국의 밀턴케인즈, 미국 컬럼비아, 독일 크론스베르크, 프랑스 세르지 퐁투아즈 등은 장기간이 걸쳐 개발이 이루어 졌으며, 일자리를 창출하는 자족도시로 건설되었다는 점에서 시사하는 바가 크다. 5~7년 정도 단기간에 잠만 자는 베드타운으로 건설되는 우리나라 신도시 건설과는 차이가 크다. 특히, 우리나라와 시차를 두고 도시화, 산업화, 인구구조가 유사한 일본의 신도시 건설도 반면교사로 삼아야 한다.

일본은 2005년 1억 2,776만 명으로 정점을 찍은 뒤 인구감소기에 접어들었고, 이듬해 65세 이상 노인인구가 전체의 20%를 넘는 초고령사회로 들어섰다. 인구감소와 고령화가 겹치면서 나타난 변화는 베드타운형 신도시의 급속한 황폐화를 가져왔다.

우리나라의 경우 2018년부터 인구감소가 시작되는 동시에 고령사회로 진입하기 때문에 일본의 사례를 바탕으로 대비책을 세워야 한다. 일본보다 한국이 더 걱정되는 이유는 고령화나 인구감소 속도가 훨씬 빠르기 때문이다. 일본 신도시가 10~40년에 걸쳐 조성된 데 비해 한국 우리나라의 신도시는 5~7년에 걸쳐 조성되었기 때문에 고령화와 시설노후화로 인한 파장이 더욱 심각할 것이다. 직장과 주거가 분리된 베드타운 신도시에 고령자가 집중되는 문제를 막으려면 일자리를 창출할 수 있는 업무기능을 대폭 보강해 젊은 층을 끌어들여야 한다.

한편, 일본은 신도시 건설보다 도시재생으로 패러다임이 전환되었다. 일본의 경우 1960~80년대에 걸쳐 신도시가 많이 건설되었다. 그러나 도시외곽에 건설된 신도시 주민의 고령화와 시설의 노후와 등으로 더 이상 신도시 건설을 하지 않고 있다. 오히려 신도시를 포함한 구도심을 도시재생사업으로 정비하고 있다.

대표적인 도시재생사업이 오다이바개발, 미나토미라이21개발, 록봉기개발, 에비스가든개발, 미드타운개발 등이 있다. 일본 도시재생사업은 주거, 상업, 업무, 문화, 숙박, 방송 등 기능을 다양화하는 복합개발을 진행하는 특징이 있다.

또한 우리나라의 경우 단기간에 아파트와 상업시설만 분양하여 수익만 챙기는 방식인데 비해, 일본의 경우 미술관, 전시관, 박물관, 영화관 등 문화시설을 도입하여 장기적인 관점에서 도시의 가치를 높이고 있다. 그리고 집객력을 높이는 시설을 입지시켜 수익성을 높이고, 지역개발을 병행한 지역명소만들기 전략을 병행하고 있어 우리나라 도시개발 또는 도시재생사업에서 참고할 점이 많다.

1960년대 전후로 개발된 일본의 신도시들은 도시재생사업을 진행되고 있다. 천리신도시는 2007년에 '천리뉴타운재생지침'을 책정하고, 2012년에는 입주 50주년 기념행사를 진행하면서 고령화와 건물노후화 문제를 도시재생을 통해 해결하려고 노력하고 있다.

노후화된 단지의 재건축과 민간아파트의 건축이 추진되고 있으며, 공동주택의 재건축이 진행되는 지역에서는 젊은 가족의 모습도 보이고 있다.

우리나라 보다 30년 앞서 건설된 일본의 신도시 문제점을 교훈삼아 대처방안을 찾아야 할 것이다. 아무런 대책 없이 앞으로 10~20년이 지나면 일본의 신도시가 경험했던 문제보다 더 심각한 문제에 직면하게 될 것이다. 신도시의 자족성을 높여 다양한 일자리를 만들어 주는 것이 앞으로 다가올 우리나라 신도시의 고령화와 건물노후화에 대한 가장 확실한 대응책이다.

5장

문재인 정부 부동산정책과 신도시

1. 8·2대책의 배경과 방향 ·············· 205
2. 8·2대책 핵심은 주택시장 안정화 ········ 210
3. 실수요 중심의 주택수요 관리 ············ 214
4. 청약제도 개편 ························ 218
5. 오피스텔 분양 및 관리 개선 ············· 221
6. 8·2대책의 문제점과 보완할 점 ·········· 224
7. 10·24 가계부채 종합대책 ·············· 227
8. 투기를 잡기 어려운 이유들 ·············· 230
9. 도시재생 뉴딜사업의 문제점 ············· 233
10. 문재인 정부의 공급정책과 신도시 ········ 236

1
8·2대책의 배경과 방향

2017년 8월 2일 문재인 정부 2차 부동산대책이 발표되었다. 8·2대책은 '실수요 보호와 단기 투기수요 억제를 통한 주택시장 안정화 방안'이라는데 초점을 두고 있다. 8·2대책은 지난 6·19 대책 이후 시장상황이 안정되지 않자 좀 더 강력한 대책을 발표한 것이다.

8·2대책이 나오기 전 서울을 중심으로 주택시장이 과열되었다. 6·19대책 이후 서울 주택가격 상승폭은 축소되었으나, 7월부터 상승폭이 다시 확대되는 추세였다.

과열현상은 서울 전역, 과천, 세종시 등으로 확산되는 양상이었는데, 서울은 강남 11개구 뿐만 아니라 강북 14개구의 상승률도 높았으며, 서울 전역에 과열이 발생하였다. 강남 11개구는 재건축 예정단지가 밀집된 강남·서초 등 강남 4개구 및 양천(목동), 영등포(여의도) 등은 과열이 더욱 심화되었다. 강북 14개구 재개발사업이 활발한 용산·성동·마포, 재건축 예정단지가 다수 있는 노원 등의 상승률도 높았다. 기타 부산은 6·19대책 이후 과열이 다소 진정세였으나, 재건축사업이 활발한 과천, 공공택지 신규분양이 많은 세종 등은 과열이 지속되고 있었다.

투기목적의 수요가 주택시장에 다수 유입되고 있었으며, 다주택자의 추가적인 주택구매가 크게 늘어나는 추세였다. 전체 주택거래량에서 유주택자(1주택 이상)가 차지하는 비중은 2006~2007년 31.3%에서 2013~2017년에는 43.7%로 증가하였다.

특히, 2주택 이상 보유한 다주택자가 주택을 추가로 구매하는 비중은 2015년 이전에 비해 2016~2017년에는 동기대비 2배 이상 증가하였다.

상반기 기준 다주택자(2주택자 이상) 매수 비중 (%)

구분	'12년	'13년	'14년	'15년	'16년	'17년
전 국	5.3	5.1	6.7	7.5	14.0	14.0%
서 울	3.5	3.9	4.8	6.0	13.9	13.8%

출처 : 국토부

재건축·재개발에서는 전매제한기간·재당첨제한 등이 있는 일반분양분에 비해 규제가 덜 한 조합원 분양권 거래가 크게 증가하였다. 2017년 상반기 중 조합원 분양권 거래량은 전년 동기대비 2배 이상 증가하였다.

상반기 기준 조합원 분양권 거래량(건)

구분	'12년	'13년	'14년	'15년	'16년	'17년
전 국	1,930	1,549	2,076	2,929	2,756	6,988
서 울	1,016	855	953	1,484	1,434	2,385

출처 : 국토부

민간택지 전매제한이 없는 지방 청약시장에는 투기수요가 지속 유입되었다. 특히, 지방광역시 청약경쟁률은 2015년 이후 크게 높아졌으며, 분양권 거래량도 지속 증가하였다. 서울과 수도권의 주택 공급량은 예년을 상회하는 수준으로 공급여건은 안정적인 편이었다. 수도권 입주물량은 10년 평균 19.5만호, 5년 평균 20.5만호 였으며, 2017년 28.6만호, 2018년 31.6 만호로 예상되었다. 서울 입주물량은 10년 평균 6.2만호, 5년 평균 7.2만호였으며, 2017년 7.5만호, 2018년 7.4만호로 예상되었다.

지난 정권에서의 세제와 주택규제 완화가 저금리 및 대내외 경제여건 개선과 맞물리면서 투기수요가 늘어나 주택시장 불안이 발생하였다. 2010년 이후 지속 상승한 전세가율(매매값 대비 전셋값 비율)도 단기 투기수요(갭투자) 유입 증가의 요인으로 작용하였다. 수도권 아파트 전세가율은 2010년 7월 44.3%, 2012년 7월 57.7%, 2014년 7월 66.8%, 2017년 7월 74.2% 였다.

2017년 6·19대책을 통해 과도한 차입에 의한 주택수요를 억제하고, 서울 등 과열지역에 대한 전매제한을 강화하였다. 그러나 상대적으로 규제가 덜 한 재건축·재개발 조합원 분양권, 오피스텔 및 지방광역시의 청약시장 등에 투기수요가 지속 유입되었다. 또한, 재건축·재개발의 기대수익이 높아지면서 정비사업 예정지역을 중심으로 주택가격 상승폭이 확대되었다.

참고로 6·19대책의 주요내용은 조정대상지역 LTV·DTI 10%p 하향, 서울 전역의 전매제한 기간을 소유권이전 등기시까지로 강화하는 내용을 담고 있다.

하반기에도 국지적 과열 발생의 배경이 되었던 경제여건 호조세, 미국 기준금리의 완만한 인상 등이 지속될 것으로 전망되는 가운데, 투기수요의 유입이 계속되고 일부 고분양가 분양물량이 주변 주택가격을 자극할 경우 주택시장이 불안할 것으로 우려되었다. 7~12월 서울 분양예정물량 4.4만호는 1~6월 분양물량 1.7만호의 약 3배이다.

시장상황이 심상치 않자 정부는 대응방향을 제시하였다. 문재인 정부의 정책대응 방안은 주택정책을 경기조절수단이 아니라 서민 주거안정 및 실수요자 보호를 최우선의 가치로 삼아 추진한다는 것이다. 집은 '투자'가 아닌 '거주' 대상으로 투기수요는 철저히 차단하겠다는 것이다.

첫째, 지역별, 주택유형별 분석을 바탕으로 투기수요가 유입되는 곳은 투기과열지구와 투기지역을 지정하여 시장불안을 조기 진화한다. 이를 통해 집 값 급등으로 서민가계와 경제전반에의 부담이 커지지 않도록 선제적으로 관리한다.

둘째, 다주택자의 양도차익에 대한 과세체계를 정비하고, 주택담보대출의 레버리지를 활용한 단기투자 유인을 억제한다. 또한 임대주택 등록을 적극 유도하여 다주택자의 사회적 역할을 강화하고, 주택시장 거래질서도 투명하고 엄정하게 관리한다.

셋째, 서민 주거안정을 위해 도심 내 및 도심 인근에 청년, 신혼부부 등 실수요자를 위한 임대·분양주택 공급을 확대한다.

넷째, 공급되는 주택이 실수요자에게 우선적으로 돌아갈 수 있도록 청약제도를 재편한다는 것이다.

8·2대책의 주요 내용

실수요 보호와 단기 투기수요 억제를 통한 주택시장 안정화

투기수요 차단 및 실수요 중심의 시장 유도

과열지역에 투기수요 유입 차단

◆ 투기과열지구 지정
· 서울 전역, 경기 과천, 세종

◆ 투기지역 지정
· 서울 11개구, 세종

◆ 분양가상한제 적용요건 개선

◆ 재건축·재개발 규제 정비
· 재건축 초과이익 환수제 시행
· 재개발 분양권 전매 제한
· 재개발 임대주택 의무비율 상향
· 재건축 등 재당첨 제한 강화

실수요 중심 수요 관리 및 투기수요 조사 강화

◆ 양도소득세 강화
· 다주택자 중과 및 장특배제
· 비과세 실거주 요건 강화
· 분양권 양도세율 인상

◆ 다주택자 금융규제 강화
· 투기지역 내 주담대 제한 강화
· LTV·DTI 강화(다주택자)
· 중도금 대출요건 강화(인별→세대)

◆ 다주택자 임대 등록 유도

◆ 자금조달계획 등 신고 의무화, 특별사법경찰제도 도입 등

실수요·서민을 위한 공급 확대

서민을 위한 주택공급 확대

◆ 수도권 내 다양한 유형의 주택공급 확대를 의한 공공택지 확보

◆ 공적임대주택 연간 17만호 공급
· 수도권 연간 10만호

◆ 신혼희망타운 공급
· 5만호(수도권 3만호)

실수요자를 위한 청약제도 등 정비

◆ 청약제도 개편
· 1순위 요건 강화, 가점제 확대 등

◆ 지방 전매제한 도입
· 광역시 6개월, 조정대상지역 1년6개월~소유권이전등기시

◆ 오피스텔 공급·관리 개선

출처 : 국토부

2
8·2대책 핵심은 주택시장 안정화

정부의 8·2대책 핵심은 투기수요를 차단하기 위해 다주택자를 압박하는데 있었다. 투기수요 차단과 다주택자 압박을 위해 다양한 대책이 발표되었다.

첫째, 과열지역에 투기수요를 차단하기 위하여 투기과열지구 및 투기지역을 지정하였다.

투기과열지구 및 투기지역 지정

구 분	투기과열지구 ('17.8.3)	투기지역 ('17.8.3)	조정대상지역 ('16.11.3, '17.6.19대책)
서 울	전 지역 (25개구)	강남, 서초, 송파, 강동, 용산, 성동, 노원, 마포, 양천, 영등포, 강서 (11개구)	전 지역 (25개구)
경 기	과천시	-	경기 7개시 (과천, 성남, 하남, 고양, 광명, 남양주, 동탄2)
기 타	세종시	세종시	부산 7개구, 세종시

출처 : 국토부

```
┌─────────────────────────────────────────────────────┐
│                   조정대상지역                        │
│  성남, 하남, 고양, 광명, 남양주, 동탄 2, 부산(해운대,    │
│  연제, 동래, 수영, 남, 기장, 부산진)                   │
│   ┌───────────────────────────────────────────┐     │
│   │               투기과열지구                  │     │
│   │  서울(구로, 금천, 동작, 관악, 은평, 서대문,  │     │
│   │  종로, 중, 성북, 강북, 도봉, 중랑, 동대문,   │     │
│   │  광진), 과천시                              │     │
│   │   ┌─────────────────────────────────┐     │     │
│   │   │           투기지역               │     │     │
│   │   │ 서울(강남, 서초, 송파, 강동, 용산,│     │     │
│   │   │ 성동, 노원, 마포, 양천, 영등포,   │     │     │
│   │   │ 강서), 세종시                    │     │     │
│   │   └─────────────────────────────────┘     │     │
│   └───────────────────────────────────────────┘     │
└─────────────────────────────────────────────────────┘
```

출처 : 국토부

    재건축 및 재개발 등 정비사업 예정지역을 중심으로 과열이 심화되고 있는 서울 전역(25개구)과 과천시, 세종시를 투기과열지구로 지정하였다. 또한 일반 주택시장으로 과열이 확산되고 있는 서울 강남 4개구(강남, 서초, 송파, 강동) 및 기타 7개구(용산, 성동, 노원, 마포, 양천, 영등포, 강서), 세종시를 투기지역으로 지정하였다. 투기과열지구, 투기지역 모두 8월 3일자로 지정 및 효력이 발생한다.

    둘째, 재건축·재개발 규제를 정비하였다. 2018월 1월부터는 재건축초과이익환수제를 예정대로 시행한다. 또한 투기과열지구 내 재건축조합원 지위 양도제한을 강화한다. 예외사유를 엄격히 하여 투기과열지구의 실효성을 강화하였다. 투기과열지구 지정에 따른 재건축조합원 지위 양도제한과 관련하여 선의의 피해를 방지하고 혼란을 최소화하기 위해 투기과열지구 지정 이전에 재건축 예정주택의 매매계약을 체결한 경우에는 조합원 지위의 양수를 허용한다.

셋째, 투기과열지구 내 재개발 등 조합원 분양권 전매제한이다. 이전까지 투기과열지구로 지정시 재개발 및 도시환경정비사업의 조합원 분양권은 전매제한이 없었다. 이에 따라 재개발 등 조합원 분양권 전매를 통한 시세차익을 목적으로 하는 투기수요가 재개발 등 정비사업 예정지역에 지속 유입되었다.

개선안에서는 투기과열지구에서는 '관리처분계획인가 후 부터 소유권이전 등기시'까지 재개발·도시환경정비사업의 조합원 분양권 전매를 금지하였다. 「도시 및 주거환경 정비법」 개정 을 통해 시행 이후 최초로 사업시행인가를 신청하는 조합부터 적용한다.

넷째, 재개발 사업시 임대주택 공급 의무비율을 전국적으로 강화한다. 이전까지 재개발 사업시 전체 세대수의 수도권 15% 또는 지방 12% 범위 내에서 하한 없이 임대주택을 공급하도록 규정하고 있었다.

15% 또는 12% 범위 내에서 시·도지사가 지자체별 의무비율을 고시로 정하였기 때문에 일부 지자체는 임대주택 공급 의무비율을 0%로 고시하는 등 임대주택 공급에 한계가 있었다. 그러나 개선안에서는 임대주택 공급 의무비율 하한을 서울 10%, 지방 5%로 설정하여, 임대주택 공급을 촉진하고 원주민의 정착률을 제고한다.

재개발 임대주택 공급 의무비율 강화

구 분	서 울	경기, 인천	지 방
현 행	0~15%	0~15%	0~12%
개 선	10~15%	5~15%	5~12%

출처 : 국토부

다섯째, 투기과열지구 내 정비사업 분양분(조합원+일반분양분) 재당첨 제한이다. 이전까지 투기과열지구내 정비사업 일반분양을 받은 경우에는 5년간 다른 정비사업의 일반분양은 당첨을 받을 수 없었다. 다만, 조합원 분양분 등에 대해서는 재당첨 제한이 없어 조합을 다르게 하여 복수의 정비사업 예정주택 등을 취득할 수 있어 투기수요가 존재하였다. 대책에서는 투기과열지구 내 정비사업 일반분양 또는 조합원 분양에 당첨된 세대에 속한 자는 5년간 투기과열지구 내의 정비사업 일반분양 또는 조합원 분양의 재당첨을 제한하였다.

3
실수요 중심의 주택수요 관리

8·2대책에서는 다주택자에 대한 투기수요 억제와 함께 실수요자를 위한 대책도 발표되었다.

첫째, 양도소득세를 강화한다. 먼저, 다주택자 양도소득세 중과, 장기보유특별공제를 배제한다. 2주택 이상 다주택자(조합원 입주권 포함)가 조정대상지역 내에서 주택양도시 양도소득세 중과 및 장기보유특별공제 적용을 배제한다.

현재 3년 이상 보유시 보유기간에 따라 양도차익의 10~30%를 공제한다. 적용시기는 2018년 4일 1 이후 양도하는 주택부터 적용한다.

다주택자에게 적용되는 양도세율

구 분	2주택자	3주택자 이상
현 행	양도차익에 따라 기본세율(6~40%) 적용	
개 정	기본세율 + 10%p	기본세율 + 20%p

출처 : 국토부

다만, 장기임대주택 등 과거 양도세 중과대상에서 제외되었던 주택 등은 8·2 대책에서도 양도세 중과 및 장기보유특별공제 배제 대상에서 제외토록 조치한다. 2주택 소유자 중 양도세 중과세가 제외되는 경우는 다음과 같다.

(일정가격 이하 주택) 기준시가 1억 이하 주택(정비구역 내 주택 제외), 지방 3억 이하 주택, (장기임대주택) 일정호수 이상 주택을 건설하거나 매입해서 장기간 임대한 주택으로 일정 요건을 갖춘 주택, (상속주택) 상속일로부터 5년이 경과되지 않은 주택, (장기사원용) 종업원에게 10년 이상 무상으로 제공한 주택, (근무형편 등) 근무상 형편, 취학, 질병요양 등의 사유로 1년 이상 거주하고 직장, 문제, 학업, 치료문제가 해소된 후 3년내 팔 경우, (혼인·노부모 봉양) 결혼일 또는 합가일로부터 5년이 경과되지 않은 주택, (가정어린이집) 지방자치단체에서 인가받고 국세청에 사업자 등록한 후 5년 이상 가정어린이집으로 사용하는 주택, (일시적 주택) 새 집을 산 후 3년 이내에 기존 주택을 팔 경우 등이다.

또한 1세대 1주택 양도세 비과세 요건을 강화한다. 조정대상지역 내 1세대 1주택 비과세 요건에 거주요건을 추가한다. 등록한 임대주택 및 현행 보유기간 요건의 예외 주택(수용·협의매수, 1년 이상 거주 후 직장이전 등으로 양도 등)은 비과세 요건 강화대상에서 제외한다. 현행 2년 이상 보유, 양도가액 9억 원 이하였지만, 개선안에서는 2년 이상 보유, 양도가액 9억 원 이하에 2년 이상 거주요건을 추가하였다.

양도가액 9억 원 초과시 9억 원을 초과하는 양도차익에 대해 과세한다. 적용 시기는 대책 발표 익일인 8월 3일 이후 취득하는 주택부터 적용한다. 그리고 분양권 전매 시 양도소득세를 강화한다. 조정대상지역에서 분양권 전매 시 보유기간과 관계없이 양도소득 세율을 50% 적용한다. 다만, 무주택자로서 연령, 전매사유 등 일정한 요건에 해당하는 경우 예외를 인정한다. 현행 분양권 전매세율은 1년 이내 전매 시 50%, 1년 이상~2년 미만 40%, 2년 이상 6~40%를 적용한다. 적용 시기는 2018년 1월 1일 이후 양도하는 분양권부터 적용한다.

둘째, 다주택자 등에 대한 금융규제를 강화한다. 먼저, 투기지역 내 주택담보대출 건수를 제한한다. 현행 투기지역 내에서는 주택담보대출을 차주당 1건으로 제한 하고 있어, 동일 세대 내 다른 세대원은 추가대출이 가능하였다. 그러나 대책에서는 투기지역 내에서는 주택담보대출을 세대당 1건으로 제한한다. 또한 LTV · DTI를 강화한다. 투기과열지구 및 투기지역은 기본적으로 LTV · DTI를 40% 적용한다.

현행 LTV는 주택유형, 대출만기, 담보가액 등에 따라 40~70%, DTI는 6억 원을 초과하는 아파트 구입 대출 등에 대해 40% 적용하였다. 이전까지는 투기지역 40~70%, 투기과열지구 50~70% 적용하였으며, 배우자 합산 2건 이상 주캔담보대출, 30세 미만 미혼 차주 아파트 주택담보대출 가능하였다. 그러나 주택유형, 대출만기, 대출금액 등에 관계없이 투기과열지구 및 투기지역은 LTV · DTI를 각각 40% 적용한다.

주택담보대출을 1건 이상 보유한 세대에 속한 자가 추가로 주택담보대출을 받을 경우 LTV · DTI 비율을 10%p씩 강화한다. 이에 따라, 투기과열지구 및 투기지역에서는 LTV · DTI를 각각 30% 적용한다. 투기지역 내 주택담보대출 건수제한 강화에 따라 세대기준으로 투기지역 내에서 이미 주택담보대출이 1건 있을 경우 추가 대출은 불가능하다. 다만, 실수요자의 내 집 마련 지원을 위해 서민·실수요자는 LTV·DTI를 10%p 완화하여 적용한다. 여기서 서민·실수요자는 무주택세대주, 부부 합산 연소득 6천만 원(생애최초구입자는 7천만 원) 이하, 주택가격은 투기과열지구·투기지역 6억 원 이하, 조정대상지역 5억 원 이하를 말한다.

강화된 지역별 LTV, DTI 규제비율 (일반 주택담보대출 및 집단대출)

구 분	투기과열지구 및 투기지역		투기과열지구, 투기지역 外 조정대상지역		조정대상지역 外 수도권	
	LTV	DTI	LTV	DTI	LTV	DTI
서민 실수요자 (완화)	50%	50%	70%	60%	70%	60%
주담대 미보유(기본)	40%	40%	60%	50%	70%	60%
주담대 1건 이상 보유(강화)	30%	30%	50%	40%	60%	50%

* 질병치료 등 불가피성이 인정되는 주택구입목적 외 주택담보대출에 대해서는 투기과열지구 및 투기지역의 강화된 LTV·DTI 적용 예외를 인정(LTV 50%, DTI 50%)
* 이주비, 중도금 대출에는 DTI 적용 배제
출처 : 국토부

셋째, 중도금 대출보증 건수를 제한한다. HUG·주금공 중도금 대출보증(9억 원 이하 주택)을 1인당 통합 2건 이하에서 세대당 통합 2건 이하로 제한한다. 투기지역, 투기과열지구, 조정대상지역은 세대당 1건으로 강화한다.

4
청약제도 개편

8·2대책에서는 청약제도도 개편하였다. 투기과열지구 및 조정대상지역에는 1순위 자격 요건 강화, 가점제 적용을 확대하고, 전국에 가점제 당첨자의 재당첨 제한, 예비입주 선정시 가점제 우선 적용 등을 도입한다.

첫째, 투기과열지구, 조정대상지역 1순위 자격 요건을 강화한다. 현행 청약통장 가입 후 수도권은 1년, 지방은 6개월 경과하고, 납입횟수(국민주택)·예치기준금액(민영주택) 충족 시 1순위 자격을 획득하였다.

대책에서는 투기과열지구 및 조정대상지역의 1순위 자격을 청약통장 가입 후 2년, 납입횟수 24회(국민주택에 한해 적용) 이상으로 강화하였다.

둘째, 투기과열지구, 조정대상지역에서 가점제 적용을 확대한다. 현행 민영주택 공급시 일반공급 주택수의 일정비율(40~100%)에 대해 가점제를 적용하여 무주택 실수요자에게 우선 공급한다. 가점제는 무주택기간, 부양가족수, 청약저축 가입기간을 점수화하여 점수가 높은 순으로 입주자를 선정하는 방식이다.

대책에서는 투기과열지구 및 조정대상지역의 가점제 비율을 상향한다. 투기과열지구 85㎡이하 주택은 75%에서 100%로, 조정대상지역 85㎡이하 주택은 40%에서 75%로, 85㎡초과 주택은 0%에서 30%로 상향한다.

민영주택 가점제 적용비율

구 분	85㎡ 이하		85㎡ 초과	
	현 행	개 선	현 행	개 선
수도권 공공택지	100%	100%	50% 이하에서 지자체장이 결정	
투기과열지구	75%	100%	50%	50%
조정대상지역	40%	75%	0%	30%
기타 지역	40% 이하에서 지자체장 결정		0%	0%

주) 국민주택은 공급물량의 100%를 순차제 방식으로 무주택세대에 우선적으로 공급 중
출처 : 국토부

셋째, 가점제 당첨자의 재당첨 제한을 전국적으로 도입한다. 현행 투기과열지구·조정대상지역이 아닌 지역은 재당첨 제한이 적용되지 않아 1순위 자격 획득 후 1순위 청약 신청 및 당첨이 가능하였다. 이에 따라, 가점이 높은 일부 무주택자가 순회하여 지방의 인기 민영주택을 6개월마다 당첨 후 분양권 전매를 반복하였다. '재당첨 제한, 1순위 제한'이 없어 청약통장 가입기간 6월이 경과하면 100% 당첨되었다.

대책에서는 가점제로 당첨된 자와 당첨된 세대에 속한 자는 2년 간 가점제 적용을 배제한다.

넷째, 전국적으로 민영주택 예비입주자 선정 시 가점제를 우선 적용한다. 이제까지 청약 당첨자가 계약을 포기하여 미계약분 발생 시 예비입주자(일반공급 주택수의 20% 이상)를 추첨제로 선정하였다.

대책에서는 예비입주자 선정 시 추첨제가 아닌 가점제를 우선 적용하여 무주택 세대의 당첨기회를 확대한다는 것이다.

5
오피스텔 분양 및 관리 개선

8·2대책에서는 오피스텔에 대한 규제도 포함되었다. 조정대상지역 내 오피스텔의 전매제한기간을 강화하고, 청약자 보호를 위한 제도개선을 추진한다. 이제까지 법령상 조정대상지역 지정에도 오피스텔 전매제한 규정이 없어 일부 지역에서 풍선효과로 인한 청약과열이 발생하였다. 현장에서 직접 청약신청을 하도록 하여 청약신청자의 불편이 가중되고, 과장광고로 인한 피해도 발생하였다.

오피스텔 규제내용

	투기과열지구	조정대상지역
현행	(전매) 소유권 이전등기시까지 (분양) 거주자 우선분양 20% * 수도권 지역에 한정	(전매) 전매제한기간 없음, 단 2인 이상에게 전매 불가 (분양) 거주자 우선분양의무 없음
개정	(전매) 소유권 이전등기시까지 (분양) 거주자 우선분양 20% * 전국으로 확대	(전매) 소유권 이전등기시까지 (분양) 거주자 우선분양 20%

출처 : 국토부

향후 전매제한 기간 강화와 인터넷 청약 등의 제도개선을 통해 투기를 잡겠다는 것이다. 투기과열지구 및 조정대상지역에 현행 수도권 투기과열지구와 동일한 수준의 전매제한 기간설정과 거주자 우선분양을 적용한다.

일정세대 이상의 오피스텔 분양을 실시할 경우 인터넷 청약을 실시하는 근거규정을 마련하였다. 사업자가 오피스텔과 상가 등을 광고시 분양수익률 산출근거 등을 명시하도록 하고, 허위·과장광고에 대한 과태료 등 벌칙규정을 신설하였다. 오피스텔 관리에 대한 합리적이고 적절한 개선방안도 마련한다. 추진계획은 제도개선 방안을 구체화하여 「건축물 분양에 관한 법률」 등을 개정한다.

조정대상지역, 투기지역, 투기과열지구 지정효과 비교

	조정대상지역	투기과열지구	투기지역
기존	■ 청약1순위 자격제한 - 5년내 당첨사실이 있는 자의 세대에 속한 자 - 세대주가 아닌 자, 2주택 이상 소유 세대에 속한 자 ■ 민영주택 재당첨 제한 ■ 재건축 조합원당 재건축 주택공급수 제한(1주택) ■ 전매제한 - 소유권이전등기시(서울, 과천·광명) / 1년 6개월(성남) ■ 단기 투자수요 관리 - 중도금대출보증 발급요건 강화, 2순위 신청시 청약통장 필요, 1순위 청약일정 분리 ■ LTV, DTI 10%p 하향 (투기과열지구·투기지역 外)	■ 전매제한 - 소유권이전등기시 - 재건축 조합원 지위양도 금지(조합설립인가 후) - 민간택지 분양가상한제 적용 주택의 분양가 공시	■ 양도세 가산세율 적용 - 1세대가 주택과 조합원 분양권을 3개 이상 또는 비사업용 토지를 보유한 경우 양도세율 +10%p ■ 주담대 만기연장 제한 ■ 기업자금대출 제한 ■ 농어촌주택취득 특례 배제 - 농어촌주택도 양도세 주택수 산정시 포함

	조정대상지역	투기과열지구	투기지역
신규 추가 또는 효과 강화 (8.2 대책)	■ 청약1순위 자격요건 강화 – 청약통장 가입후 2년 경과 + 납입횟수 24회 이상 ■ 가점제 적용 확대(조정대상지역 75%, 투기과열지구 100%) ■ 오피스텔 전매제한 강화(소유권이전등기시까지) 및 거주자 우선분양 적용(20%)		■ 주담대 건수 제한 – 차주당 1건 → 세대당 1건
	■ 양도세 가산세율 적용 – 2주택자 +10%p – 3주택자 이상 +20%p ■ 다주택자 장기보유특별 공제 적용 배제 ■ 1세대 1주택 양도세 비과세 요건 강화 – 2년 이상 거주요건 추가 ■ 분양권 전매시 양도세율 50%로 일괄 적용	■ 재개발·재건축 규제 정비 – 재개발 등 조합원 분양권 전매제한(소유권이전등기시) – 정비사업 분양(조합원/일반) 재당첨 제한(5년) – 재건축 조합원 지위 양도제한 예외사유 강화 ■ 거래 시 자금조달계획, 입주계획 신고 의무화 – 거래가액 3억 원 이상 주택 ■ LTV·DTI 40% 적용(주담대 1건 이상 보유세대 30%, 실수요자 50%)	
적용 지역	40개 지역 서울(전역, 25개구), 경기(과천·성남·하남·고양·광명·남양주·동탄2), 부산(해운대·연제·동래·부산진·남·수영구·기장군), 세종	27개 지역 서울(전역, 25개구), 경기(과천), 세종	12개 지역 서울(강남·서초·송파·강동·용산·성동·노원·마포·양천·영등포·강서), 세종

출처 : 국토부

6
8·2대책의 문제점과 보완할 점

문재인 정부 2차 부동산대책인 8·2대책은 투기과열지구와 투기지역 지정을 통해 다주택자를 압박하겠다는 것이 핵심이다. 이전의 6·19대책에서 지정한 40개 조정대상지역 이외에 8·2대책에서 27개 투기과열지구, 12개 투기지역을 추가하여 대출규제, 다주택자 양도세중과, 청약 및 재건축 규제강화 등의 내용을 담고 있다. 강력한 대책이라는 것이 일반적인 평가지만 풍선효과와 다주택자 압박에 대한 실효성 논란 및 실수요자에 대한 배려 부족 등의 문제점도 지적되고 있어 보완책이 필요하다.

첫째, 규제의 사각지대로 투기자금이 몰려가는 풍선효과가 나타날 수 있다. 6·19대책과 8·2대책에 포함된 조정대상지역, 투기과열지구, 투기지역 등을 제외한 곳에서는 여전히 투기가 가능하다. 즉, 6·19대책에서 조정대상지역으로 지정된 서울 전지역, 경기 7개시, 부산 7개구, 세종시 등 40곳을 제외하면 여전히 청약과 전매가 자유로워 투기가 가능하다는 점이다. 특히, 부산 7개구는 전매제한 지역에서 제외되어 규제의 사각지대로 놓여 있다. 대책 이후 부산 서구 서대신동 2가에서 분양한 대신2차푸르지오 아파트는 1순위 평균 경쟁률이 254대 1에 달했을 정도로 과열되었다. 뿐만 아니라 8·2대책에서 투기과열지구로 지정된 서울 전지역, 과천시, 세종시 등 27곳, 투기지역으로 지정된 12곳을 제외한 지역은 규제를 받지 않아 투기가 가능하다. 따라서 투기를 원천 차단하기 위해서는 수도권 전 지역과 광역시 전 지역으로 조정대상지역, 투기과열지구, 투기지역 등을 확대하는 것을 검토해야한다.

둘째, 보유세 강화 없이 다주택자들을 압박하겠다는 것에 대한 효과도 의문이다. 8·2대책의 핵심은 다주택자들은 압박하여 투기수요를 차단하고, 다주택자가 소유하고 있는 주택이 시장으로 흘러나오게 하여 시장을 안정시키겠다는 것이다. 이를 위해서 정부는 2018년 3월 말까지 다주택자 중과세 제도를 유예하고 주택을 팔던지, 임대사업자로 등록하라고 압박하고 있다. 그러나 다주택자들이 매도하지 않고 버티는 경우 효과가 없다. 다주택자를 압박하기 위해서는 보유세인 재산세와 종합부동산세를 강화하는 조치가 보완되어야 한다.

셋째, 실수요자에 대한 배려가 없다. 8·2대책으로 투기과열지구로 지정된 곳은 주택담보인정비율(LTV)과 총부채상환비율(DTI)이 각각 40%로 낮아진다. 다행히 무주택자는 50%까지 완화해 주기로 하였으나, 과거 60~70%까지 인정해 주던 것과 비교하면 불리할 수밖에 없다. 부동산투기를 잡겠다고 만든 8·2대책이 실수요자들에게 피해를 주어서는 안 된다. 따라서 무주택자들에게는 과거처럼 LTV와 DTI를 60~70%로 완화시켜 주어야 한다. 실수요자들이 내 집 마련을 못하게 막아 놓으면 전월세로 수요가 급증하여 전월세대란이 일어날 수 있다.

넷째, 무주택자를 위한 청약가점제 확대가 오히려 신혼부부들에게는 불리하게 작용한다. 8·2대책에서 투기과열지구에서 민영주택을 공급할 때 85m²이하 물량의 75%에 적용하던 청약가점제가 100%로 확대된다. 청약가점제는 무주택기간, 부양가족수, 청약저축 가입기간에 따라 계산한 점수가 높을수록 당첨 가능성이 높아진다. 그러나 자녀가 없거나, 1자녀 가구들이 많은 신혼부부들은 부양가족수에서 상대적으로 불리하다. 따라서 신혼부부들의 내 집 마련 기회를 높여 주기위해 신혼부부 특별공급제도의 비율을 현행보다 확대해야 한다.15)

8·2대책으로 서울 등 투기과열지구와 투기지역으로 지정된 곳에서는 시장을 관망하면서 숨고르기 양상을 보이고 있다. 반대로 규제의 사각지대에 놓여 있는 곳을 중심으로 청약과열과 풍선효과의 부작용도 나타나고 있다. 8·2대책의 목표를 달성하기 위해서는 풍선효과를 차단할 수 있는 투기과열지역, 투지지역, 조정대상구역의 확대가 필요하다. 또한 다주택자가 소유하고 있는 주택의 매도를 유도하여 가격을 안정시키기 위해서는 보유세 강화조치가 뒤따라야 한다. 그리고 실수요자들의 내 집 마련을 위해서는 무주택자들을 위한 LTV와 DTI를 60~70%로 완화시켜주는 것이 필요하다.

마지막으로 신혼부부들에게 불리하게 작용하고 있는 청약가점제를 보완하기 위해 신혼부부 특별공급제도를 확대해 주어야 한다.

---

14) 최현일, '8·2 부동산대책, 시급히 보완할 점', 브릿지경제, 2017.08.10

7
10·24 가계부채 종합대책

8·2대책 후 주춤하던 부동산시장이 다시 출렁이자, 정부는 10·24 가계부채 종합대책을 발표하였다. 10·24대책의 핵심은 대출을 억제하는데 중점을 두고 있으며, 가계부채 종합대책이라고는 하지만 그냥 가계부채대책이라 보면 될 것 같다. 당초 예상되었던 보유세 강화, 계약갱신청구권제 도입, 전월세상한제 도입 같은 강력한 대책을 빠져 있어 선제적 대응이라기보다는 시장상황을 고려한 대책으로 보인다. 이번 대책은 신총부채상환비율(DTI)과 총부채원리금상환비율(DSR) 도입 등 총량규제가 핵심이다.

현행 DTI는 연간 원리금상환액을 계산할 때 신규 주택담보대출의 원리금만 반영할 뿐 기존 대출은 이자상환분만 반영하였다. 그러나 내년부터 시행되는 신DTI는 기존 대출의 원금상환액도 반영해 그만큼 대출 한도가 줄어들 수밖에 없다. 내년 하반기 도입될 예정인 DSR는 이보다 강력하다는 평가다. 신용대출과 마이너스통장 등 모든 금융권 대출 상환액을 연소득과 비교해 대출 한도를 따진다. 정부의 의도는 대출을 규제함으로써 투기의 근간이 되고 있는 다주택자와 갭투자를 잡겠다는 것이다. 그러나 대출규제와 관계가 없는 갭투자를 어떻게 잡겠다는 것인지 의문이다. 또한 시장이 침체되면 실수요자들이 내 집 마련을 미루게 되어 임대수요 급증으로 전월세대란으로 이어질 수 있다.

10·24대책은 기존 총부채상환비율(DTI) 산정방식을 개선한 신DTI를 적용하고, 총부채원리금상환비율(DSR)을 새로 도입하여 다주택자와 갭투자를 대상으로 대출규제를 강화하여 집값을 잡겠다는 것이다. 그러나 기존에 많은 대출을 받은 다주택자에 대한 규제가 없고, 대출과 관계가 없는 갭투자를 어떻게 규제할 것인지에 대해 실효성에 의문이 일고 있다.

첫째, 기존 다주택자를 압박하는 보유세 강화가 빠져 있다. 1400조에 이르는 가계대출의 중심에는 기존의 대출제도를 이용하여 많은 주택을 소유한 다주택자들이다. 보유세 강화를 통해 기존 다주택자들을 압박하여 시장에 매물이 흘러나오게 해야 하는데 정작 필요한 보유세 강화는 빠져 있어 가계부채 종합대책의 효과성에 의문을 던져주고 있다.

둘째, 대출규제 강화는 실수요자들의 내 집 마련을 어렵게 한다. 10·24대책은 대출을 활용한 투기수요를 차단하는 효과는 있지만 신혼부부와 무주택자 같은 실수요자 등 자금여력이 부족한 실수요자의 내 집 마련을 어렵게 한다. 실수요자들이 내 집 마련을 제때 하지 않고 전월세에 눌러앉게 되면 임대수요 급증으로 전월세대란을 불러올 수 있다.

셋째, 대출과 관계없는 갭투자를 잡겠다는 것은 모순이다. 갭투자는 전세가율 80~90%인 곳에 소액의 자기자금을 투자하는 방식인데 대출규제로 갭투자를 억제하겠다는 것은 앞뒤가 맞지 않는다.

시중에 부동자금 1000조가 떠도는 상황에서 대출규제로 갭투자를 막겠다는 것은 어불성설이다.

갭 투자가 활발한 곳과 서울 강남은 별다른 영향이 없다. 돈 있는 사람에게는 대출규제가 오히려 호재로 작용하여 더 많은 갭투자를 할 수 있는 토대가 만들어 진 것이다.

넷째, 8·2대책과 모순되고 있다. 지난 8·2대책에서는 다주택자 양도세 강화조치를 통해 내년 3월말까지 집을 팔라는 정책을 내놓았다. 다주택자들이 집을 팔려고 해도 대출규제를 강화하여 집을 살 수 없는 구조를 만들어 놓았다. 실수요자들에게는 내 집 마련을 할 수 있도록 출구를 열어주어야 한다.

향후 금리인상이 예고되어 있어 당분간 시장은 관망세를 이어갈 것이다. 투기는 잡더라도 실수요자들이 내 집 마련을 할 수 있도록 인센티브를 주어 시장을 살려야 할 것이다. 실수요자들이 내 집 마련을 하지 않고 임대로 눌러 살게 되면 임대수요 급증으로 전월세 대란으로 번질 우려가 있다. 10·24 가계부채 종합대책은 수도권 일부지역의 신규 분양아파트의 대출규제를 핵심으로 담고 있다. 강남 등 일부 지역의 분양과열과 재건축 등 신규 분양시장에 약간의 영향을 주겠지만 기존 아파트시장에는 큰 영향이 없을 것이다.

8
투기를 잡기 어려운 이유들

　정부는 핀셋규제라는 6·19대책을 발표한지 두 달도 되지 않아 8·2 부동산대책, 그 두 달 후에는 10·24대책까지 내 놓았다. 8·2 부동산대책은 시장의 예상을 뛰어넘는 초강도 대책이라는 것이 전문가들의 대체적 의견이다. 그러나 투기과열지구 지정을 통한 다주택자 규제에 초점이 맞추어져 있지만 규제에서 벗어난 지역으로 풍선효과가 나타날 수 있고, 보유세 강화 등이 빠져 있어 효과성에 의문점이 생기고 있다.

　특히 노무현 정부와 지지층과 통치이념이 유사한 문재인 정부의 부동산정책이 과거 실패한 노무현 정부의 부동산 대책을 반복하지는 않을지 걱정스럽다. 강력한 8·2대책에도 불구하고 문재인 정부가 부동산투기를 잡기 어려운 복병들이 잠복해 있다.

　첫째, 8·2대책이 풍선효과를 가져올 수 있다. 8·2대책을 보면 투기과열지구와 투기지역 및 조정대상구역의 지정을 통해 다주택자를 타켓으로 대책을 발표하였다. 투기과열지구로 지정된 서울 25개구 전역과 과천시, 세종시 내에서 재개발 조합원지위 양도가 금지되고, 재개발 분양권 전매가 금지 된다. 또한 일반분양 받았다면 향후 5년 동안은 조합원 분양자격을 얻을 수 없다. 그리고 조정대상지역 다주택자 양도소득세도 대폭 강화된다. 투기과열지구와 투기지역의 LTV·DTI는 기본적으로 40%로 적용되며, 투기과열지구와 투기지역의 경우 주택담보대출이 1건만 있어도 주택 가격과 상관없이 LTV·DTI가 30%로 축소된다. 투기지역의 경우에는 주택담보대출 건수가 종전 인당 1건에서 세대 당 1건으로 강화되며 주택담보대출의 만기연장도 제한된다. 그러나 8·2대책이 강력하기는 하지만 투기과열지역, 투기지역, 조정대상지역이 아닌 곳은 여전히 투기가 가능하고, 다주택자를 압박하기 위해서는 보유세 강화를 해야 함에도 대책에는 빠져 있다.

둘째, 이명박 정권과 박근혜 정권 9년간의 규제완화정책을 단기간에 회복시키기가 쉽지 않을 것이다. 우리나라 부동산 정책은 전 정권의 영향을 많이 받는다. IMF외환위기를 극복하기 위해 시장활성화를 위한 규제완화 정책을 폈던 김대중 정부의 영향을 받은 노무현 정부는 임기 5년간 전 국토가 투기로 몸살을 앓았다. 문재인 정부 역시 이명박, 박근혜 정부의 규제완화 정책의 영향을 받고 있어 하루아침에 투기를 잡기는 쉽지 않을 것이다.

셋째, 투기억제 정책과 투기유발 정책이 동시에 진행된다는 점이다. 노무현 정부는 30여 차례의 투기억제 정책을 내놓으면서 다른 한편으로는 국토균형발전을 위한 행복도시, 혁신도시 건설을 추진하였다. 이들 행복도시와 혁신도시 건설을 위해 풀린 막대한 자금이 투기자금화 하여 투기를 양산하는 악순환을 가져왔다. 문재인 정부 역시 투기대책을 강화하면서 다른 한편으로는 5년간 50조원이 투입되는 도시재생 뉴딜사업을 추진하고 있다. 이 50조원은 결국 투기시장으로 흘러들 것이다.

넷째, 1000조원이 넘는 부동자금과 상승에 대한 기대심리이다. 노무현 정부 시절에는 500조원의 부동자금이 투기시장을 기웃거렸다면, 문재인 정부에서는 1000조원이 넘는 부동자금이 투기시장을 맴돌고 있다. 부동자금의 규모가 2배 이상 커져 시장에 미치는 영향력이 만만치 않을 것이다. 또한 두 정권 모두 부동산이 상승할 것이라는 기대심리가 시장에 만연해 있다. 우리나라 부동산 시장은 심리가 큰 영향을 미친다는 점에서 투기를 잡기가 쉽지 않을 것이다.16)

당분간 8·2대책과 10·24대책으로 부동산 시장은 관망세로 돌아서며 숨고르기 양상을 이어 갈 것이다. 향후 금리인상과 많은 입주물량도 대기하고 있다. 서울의 주택보급률은 여전히 100%가 되지 않고 있으며, 수익성을 쫓고 있는 1000조원이 넘는 부동자금이 투자처를 찾아 헤매고 있다. 당분간 관망세를 보이던 부동산 시장은 내년 봄 이사철과 6월 지방선거를 기점으로 다시 움직일 것이다. 내년 상반기에 투기를 잡지 못한다면 문재인 정부는 임기 내내 투기세력과 전쟁을 해야 할 것이다.

---

15) 최현일, '부동산투기 잡기 쉽지 않은 이유', 브릿지경제 2017.10.16

9
도시재생 뉴딜사업의 문제점

문재인 정부에서 신도시에 영향을 미칠 수 있는 가장 큰 요인은 도시재생 뉴딜사업이다. 문재인 정부는 대선공약으로 5년간 50조 원을 투입하여 도시재생 뉴딜사업을 추진하겠다고 밝혔다.

5년간 총 50조 원을 투입해 500곳의 옛 도심과 노후 주거지 등을 되살리겠다는 청사진을 마련했다. 국토교통부는 2007년 7월 '도시재생사업기획단'을 공식 출범시켰다. 그러나 재원마련, 사업의 실효성, 주민들의 전문성 등 선결과제가 산적하다.

첫째, 재원마련 문제이다. 정부는 매년 투입될 10조 원의 예산을 HUG의 주택도시기금 5조 원, 공기업 재원 3조 원, 국비 2조 원으로 충당할 계획이다. 문제는 이들 기관들의 부채가 상당한 상황에서 또다시 재정 부담을 지우는 것이 바람직한지에 대한 비판이 있다. 뿐만 아니라 LH공사, SH공사 등은 도시재생 과정에서 낡은 주택을 정비하거나 매입해 공공임대주택으로 활용하는 역할도 맡을 것으로 보여 부담이 가중될 것으로 예상된다.

둘째, 실효성에 대한 문제이다. 재개발재건축사업 또는 뉴타운

사업처럼 수익성에 바탕을 둔 사업이라면 민간이 적극적으로 사업에 뛰어 들지만 도시재생사업은 수익성이 담보되지 않아 효과성에 의문이 제기되고 있다. 자칫하면 공공자금만 낭비하고 효과는 없는 결과를 가져올 수 있다. 막대한 공적자금이 들어가는 만큼 구체적인 사업선정 기준과 방식 등을 마련해야 한다는 것이 전문가들의 지적이다.

셋째, 사업주체인 주민들의 전문성도 문제이다. 도시재생사업은 주민들이 주체가 되어 사업을 이끌어 가야하는데 단기간에 전문성을 키우기 어렵다. 주민들이 중심이 되어 마을기업 같은 민간조직을 육성하는 것이 시급하지만 단기간에 육성하는 것이 쉽지 않다. 도시재생사업은 지역의 특성과 수요에 맞게 지자체, 지역주민, 전문가 등이 소통하고 협업해야 한다. 그러나 주민들의 입장과 자치단체의 의견이 상충할 경우 많은 갈등과 분쟁이 생길 수 있다.

넷째, 투기의 소지는 없는지 살펴봐야 한다. 도시재생 사업지로 선정되면 그 지역에 투기가 만연하지 않을지 대책을 강구해야 한다. 연간 10조원씩 투입된다면 그 돈이 시중으로 풀려 투기를 확대 재생산 할 수도 있다. 과거 노무현 정부의 부동산정책 실패 중의 하나는 강력한 투기억제정책을 펴면서도 한편으로는 혁신도시와 행정복합도시 같은 대형 개발사업을 추진하면서 풀린 돈이 투기시장으로 흘러들어간 간 것으로 보고 있다.

문재인 정부는 도시재생 뉴딜사업을 통해 구도심과 노후 주거지의 주민 삶의 질을 높이고 일자리 창출과 성장 동력을 확보하는 계기로 활용하겠다고 밝혔다. 그러나 사업선정과 진행과정이 투명하지 않으면 많은 갈등을 불러 올수 있다. 사업의 효과도 불투명할 수 있다. 도시재생 뉴딜사업은 사업지 선정기준과 사업방식 등에 대한 구체적 매뉴얼을 만들어 문제를 최소화 하면서 진행하는 것이 바람직할 것이다. 실적에 급급해 조급하게 사업을 추진하다가는 지역특성을 반영한 도시재생사업이 되지 못하고, 형식적인 사업으로 전락하여 아까운 혈세만 낭비하는 결과를 초래할 수도 있다.

한편, 8·2대책에서는 투기과열지구 또는 투기지역으로 지정된 지역은 2017년도 도시재생 뉴딜사업 선정대상에서 제외되었다. 투기과열지구 또는 투기지역의 경우 내년에 집값이 안정되면 부동산시장에 미치는 영향을 종합적으로 분석한 후 선정여부를 검토하기로 하였다. 더불어 지자체는 도시재성 사업계획 수립 시 투기방지대책을 반드시 포함하도록 하였다. 선정 이후에도 부동산시장 과열, 투기수요 급증 시 사업시행시기를 연기한다는 방침이다.

10
문재인 정부의 공급정책과 신도시

　문재인 정부에서 신도시에 영향을 미칠 것으로 예상되는 정책은 공급관련 정책들이다. 문재인 정부에서 공급측면의 대책으로는 분양가상한제 도입, 서민을 위한 주택공급 확대, 공적임대주택 공급 확대 등이다.

　첫째, 민간택지 분양가상한제 도입이다. 8·2대책에서 민간택지에 대한 분양가상한제 적용요건을 개선하고, 고분양가로 인한 주택시장 불안이 우려되는 지역은 필요시 분양가상한제 적용지역으로 선정한다는 방침을 세웠다. 현재 분양가상한제는 공공택지는 의무적용이며, 민간택지는 주택법 시행령 상 정량요건을 충족하는 지역 중 주거정책심의위원회를 통해 선정된 지역에 적용하고 있다. 다만, 민간택지는 주택법 시행령 상 정량요건이 엄격하게 규정 되어 있어 아직까지 적용사례는 없다.

　주택법 시행령 상 정량요건은 주택가격 3개월간 상승률 10% 이상, 거래량 3개월간 전년대비 3배 이상, 청약경쟁률 직전 3개월 연속하여 평균 20:1 이상인 경우이다. 정부는 과도한 분양가로 인한 시장불안을 차단하고, 실수요자의 내 집 마련 부담이 적어 지도록 분양가상한제 적용지역의 지정요건을 개선한다는 방침이다. 분양가를 적정 수준으로 관리할 수 있도록 주택가격 상승률, 청약경쟁률 등 정량요건을 개선한다. 주택시장 상황에 따라 즉시 대응할 수 있도록 적용기준 개선을 위한 주택법 시행령 개정을 추진한다는 것이다.

둘째, 서민을 위한 주택공급을 확대한다. 2017년과 2018년 수도권 입주물량은 최근 10년 평균 및 주택수요를 크게 상회하는 수준이며, 2019년 이후에도 충분할 것으로 전망되고 있다. 최근 주택시장 과열로 인한 서민 주거불안 해소를 위해 수도권 내 공적임대주택을 확충하는 등 공공의 역할도 강화한다.

도심 내 임대주택 공급, 공공택지 개발, 신혼부부를 위한 분양형 공공주택(신혼희망타운) 신규 건설 등을 추진한다. 이를 위해 수도권 주택 수급전망 및 향후 필요한 택지를 확보한다는 계획이다. 정부 추산으로는 수도권 입주물량은 2017년 29만호, 2018년 31만호 등 최근 10년 평균 19.5만호 및 주택 추정수요 약 21.6만호를 크게 상회한다.

제2차 장기주거종합계획에서 2018~2022년 수도권 주택수요를 약 21.6만호로 추정하였다. 2017년과 2018년 서울 입주물량은 각각 7.5만호 내외로 최근 10년 평균인 6.2만호를 상회하며, 강남 4구도 각 1.9만호 및 2.4만호로 많은 수준이다. 지속적인 주택공급으로 2017년 말 수도권 주택보급률은 약 100.1%가 되며, 서울도 약 97.8%로 전망된다. 수도권은 2015년 97.9%에서 2017년 100.1%로 상향되며, 서울은 2015년 96.0%에서 2017년 97.8%로 상향된다.

1~2인 가구가 거주 가능한 오피스텔 인허가도 지속 증가세이다. 2015~2016년 평균 인허가 물량은 직전 3년 평균(2012~2014년)에 비해 수도권은 172%, 서울은 41% 증가하였다.

수도권 및 서울 오피스텔 인허가 실적

(단위 : 호)

구 분	'12년	'13년	'14년	'15년	'16년
수도권	33,020	21,356	28,763	64,121	86,986
서 울	17,210	10,280	15,512	19,399	20,941

출처 : 국토부

2019년 이후에도 공공택지, 민간택지 모두 실수요에 상응하는 수준의 주택공급이 지속될 수 있도록 신규택지 발굴 등을 추진한다는 계획이다. 최근 5년 기준, 수도권 인허가의 70%는 민간택지, 30%는 공공택지의 비중으로 공급되었다. 지속적인 주택공급을 위해 그린벨트 해제 등을 통해 '신규 공공주택지구'를 개발하여 교통이 편리한 곳을 중심으로 신규택지를 확보한다.

수도권 민간택지에서 2015년과 2016년 인허가 실적은 각각 27만호, 24만호로 민간택지에서도 충분한 주택공급이 가능하였다. 서울지역 민간택지에서의 2015년과 2016년 인허가 실적은 각각 9.7만호, 7.1만호로 2013년 이후 지속 증가하여 주택공급에 차질 없을 전망이다. 향후 도심 내 주택이 충분히 공급될 수 있도록 소규모 정비사업(가로주택정비사업 등) 활성화도 계속 추진한다. 한편, 2017년 이후의 입주물량에 영향을 주는 2015~2016년 수도권 및 서울의 인허가 실적은 예년 평균치에 비해 큰 폭으로 확대되었다.

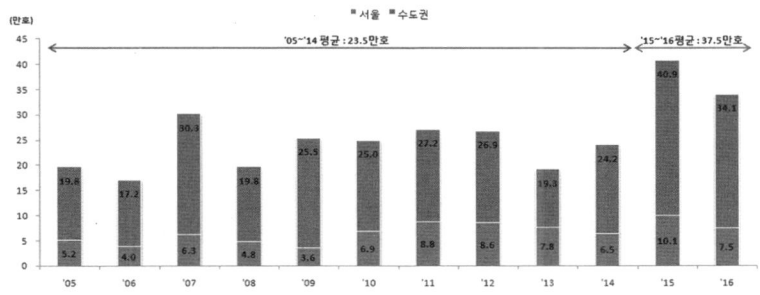

수도권, 서울의 연도별 인허가 추이 (만호)

* 서울 인허가 : (2005~2014년 평균) 6.3만호, (2015~2016년 평균) 8.8만호
출처 : 국토부

수도권과 서울의 2017년 분양 예정물량은 5년평균과 10년 평균을 상회한다. 특히, 2017년 서울 분양물량은 5년 평균과 10년 평균 대비 각각 61% 및 85% 증가하는 등 큰 폭으로 늘어난다.

수도권·서울 공동주택 분양물량 (만호)

구 분	10년평균	5년평균	'14년	'15년	'16년	'17년e
수도권	15.4	17.2	12.4	27.2	23.3	23.1
서 울	3.3	3.8	3.3	4.6	4.3	6.1

출처 : 국토부

2017~2018년 입주 예정물량도 최근 5년 평균과 10년 평균보다 크게 증가할 것으로 전망되며, 강남4구 및 경기도 내 서울 인접 지역(과밀억제권역) 등에서의 입주 예정물량도 많은 수준이다.

수도권 입주물량 추정(만호)

구 분	10년평균	5년평균	'17년^e	'18년^e
수도권	19.5	20.5	28.6	31.6
서 울	6.2	7.2	7.5	7.4
강남4구	–	1.7	1.9	2.4
경 기	11.1	11.5	18.7	21.5
과밀억제	–	5.6	7.8	7.5

출처 : 국토부

　셋째, 공적임대주택의 공급도 확대된다. 공적임대주택은 연간 17만호, 5년간 총 85만호를 공급한다. 그 중 공공임대주택은 연간 13만호, 공공지원주택을 연간 4만호를 공급한다.

　여기서 공공주택은 민간소유이나 공공이 세제·금융지원을 통해 공공성이 확보된 민간임대주택이다. 공공성 확보란 임대료 상승률 제한과 시세보다 저렴한 임대료 및 장기임대 요건을 갖추어야 한다. 특히, 정부 또는 지자체가 소유·관리하면서 서민들에게 공급하는 공공임대주택을 연간 13만호 공급한다. 이는 준공기준 역대 최고물량이다. 공공임대주택은 매년 사업승인 및 착공을 7만호 이상 추진하여 연간 7만호 공급한다.

연간 공공임대주택 공급 계획

(단위 : 만호)

구 분	'08~'12	'13~'16	'17	공급 계획 (준공기준)					합계	평균
				'18	'19	'20	'21	'22		
합 계	연 9.1	연 10.8	12	13	13	13	13	13	65	13
건설형	연 6.2	연 6.1	7	7	7	7	7	7	35	7
매입형	연 1.4	연 1.2	1.6	2	2.5	2.5	3	3	13	2.6
임차형	연 1.5	연 3.4	3.4	4	3.5	3.5	3	3	17	3.4

* 매입형과 임차형은 시장여건에 따라 물량을 상호 탄력적으로 조정
출처 : 국토부

공공지원은 기존 기업형 임대주택의 공공성 강화, 집주인 임대주택 활성화 등을 통해 연간 4만호 공급한다. 공적임대주택 연간 17만호의 약 60%인 연간 10만호를 수도권에 공급한다. 또한 신규로 건설하는 공공건설임대주택 연간 7만호의 60%를 수도권(연간 4만호, 5년간 20만호)에 공급한다. 공적임대주택이 원활히 공급될 수 있도록 그린벨트개발, 노후공공청사 복합개발, 도심 내 유휴부지 개발 등도 적극 추진한다. 노후공공청사 복합개발이란 30년 이상 된 노후공공건축물을 공공청사, 공공임대주택, 국공립어린이집 등으로 복합 개발한다. 2017년 중 노후공공건축물 전수조사 및 선도사업지를 선정한다.

그리고 신혼부부를 위한 분양형 공공주택(신혼희망타운)을 신규 건설한다. 신혼부부에게 공공임대주택 연간 4만호(5년간 총 20만호) 공급과 별도로, 신혼부부를 위한 분양형 공공주택을 연간 1만호(5년간 총 5만호)를 추가 공급한다. 그린벨트 해제지역을 활용하거나, 기존 공공보유택지 활용 등을 통해 총 5만호를 공급한다. 특

히, 입지가 양호한 부지를 적극 활용하여 수도권에 3만호를 공급한다. 기존 지구 중 입지가 양호한 과천지식정보타운, 과천주암, 위례신도시, 화성동탄2 신도시 등에 신혼희망타운 사업을 우선 추진한다.

주택유형은 신혼부부가 여건에 따라 공공분양주택, 분납형주택, 10년 분양전환임대 등 다양한 주택유형을 선택하게 한다. 신혼부부가 부담 가능한 소형주택(전용 40~60㎡)으로 건설하고, 보육시설 등을 갖춰 아이 키우기 편한 단지로 조성한다. 공급대상은 평균소득 이하(행복주택 대상 수준) 신혼부부에게 공급하되, 주거사다리 구축을 위해 저소득 신혼부부 등에게 최우선 공급한다. 잔여 물량이 발생할 경우에는 저소득 일반 청약자에게 공급한다. 저소득 신혼부부를 위해 신혼희망타운과 연계한 주택기금 대출상품 등 금원지원을 한다.

문재인 정부는 신도시 공급보다는 도시재생 뉴딜사업에 집중할 것으로 보인다. 따라서 신도시 공급물량을 많지 않으며, 특별한 신도시 건설계획은 없을 것으로 보인다. 다만, 서민을 위한 공공임대주택 또는 공적임대주택의 공급확대를 위해서는 기존에 개발중인 신도시 또는 택지개발지구에 공급해야 할 것이다.

특히, 정부가 계획하고 있는 신혼부부 공공임대주택 연간 4만호(5년간 총 20만호)와 신혼부부를 위한 분양형 공공주택(신혼희망타운) 연간 1만호(5년간 총 5만호)를 추가 공급하기 위해서는 그린벨트를 활용하거나, 기존에 개발 중인 택지개발지구 또는 신도시의 택지를 활용해야 할 것이다.

정부가 밝힌 입지가 양호한 부지를 활용하여 수도권에 3만호를 공급하기 위해서는 과천지식정보타운, 과천주암, 위례신도시, 동탄2 신도시의 택지개발지구 또는 신도시 부지에 신혼희망타운 사업을 추진하게 될 것이다. 또한 분양가상한제 도입도 공급에 영향을 미칠 것으로 보인다. 그러나 분양가상한제는 신도시보다는 재개발·재건축 시장에 더 큰 영향을 미칠 것으로 예상된다. 분양가상한제가 도입되면 재개발·재건축 사업을 하는데 수익성이 떨어져 어려움이 있을 것으로 보인다. 그 여파로 재개발·재건축 시장은 위축되어 공급물량이 줄어들게 될 것이다.

6장

신도시의 시장성과 미래전망

1. 일본처럼 집값이 반토막 날까? ··············· 247
2. 아파트는 공급과잉인가? ························ 252
3. 2017년 신도시 주택시장 ······················· 256
4. 신도시는 인근 주택시장에 어떤 영향을
   미칠까? ·· 260
5. 신규택지 공급 중단으로 신도시 희소가치
   증가 ·· 264
6. 정책규제가 신도시와 부동산시장에 미치는
   영향 ·· 266
7. 미래의 신도시 문제 ······························· 270

1
일본처럼 집값이 반토막 날까?

일본의 버블붕괴를 지켜본 사람이라면 우리나라에도 버블붕괴가 현실화되지 않을지 염려하고 있다. 우리나라는 세계에서 고령화 속도가 가장 빠르고, 저출산까지 겹치면서 인구절벽이 현실화되고 있다.

우리나라는 2018년 고령화율이 14%대에 접어들어 고령사회에 접어들고, 인구감소가 본격화될 것으로 예상되고 있다. 일부에서는 2018년 고령사회 진입과 인구감소라는 더블악재로 집값이 폭락하는 시점이 되지 않을까 노심초사하고 있다. 그러나 한국은행은 1·2인 가구 증가로 중소형 아파트 선호 현상은 계속되고, 은퇴세대의 투자 수요로 월세 확대 추세도 이어질 것으로 전망되기 때문에 주택가격이 폭락할 가능성 낮다고 보고 있다.

한국은행은 2017년 7월 '인구 고령화가 주택시장에 미치는 영향' 보고서를 통해 인구 고령화에도 2035년까지 주택수요가 줄어들지 않고, 그 증가폭만 둔화된다고 분석했다.

2015년 집값을 100으로 해서 2020년 집값은 107, 2025년은

116.9, 2035년은 129.1로 추산되었다. 2020~2035년에 주택가격은 연평균 0.3%의 증가율을 유지한다는 예측이다. 전국 평균이기 때문에 주택수요가 높은 수도권은 이보다 증가율이 높을 것으로 추정된다.

우리나라의 1955~63년 출생의 베이비붐 세대는 2020년부터 생산가능 인구에서 벗어나 고령층에 진입한다. 노후 준비가 부족해 은퇴 후 집을 팔고 그 돈으로 여생을 보낼 것이란 관측은 금방이라도 집값 폭락으로 이어질 것처럼 과대 포장되었다.

일부 비관론자들은 10년 전부터 집값이 폭락한다는 버블붕괴론을 주장하였다. 버블 붕괴론자의 말을 믿고 내 집 마련을 미룬 서민들만 피해를 보았다. 주택가격이 폭락한다는 주장만 믿고 내 집 마련을 미룬 서민들은 그동안 상승한 주택가격에 상대적 박탈감을 느끼고, 상승한 전월세에 허탈해 하고 있다.

버블붕괴론자들은 가난한 사람을 더 가난하게 만드는 능력이 있는 사람들이라는 비아냥을 받고 있다. 한국은행과 통계청은 60세 이후에도 집을 보유하는 추세가 여전했으며, 70세를 넘겨 연소득이 연간 최소생활비 2300만 원 이하로 떨어져야 비로소 집을 처분하는 비율이 늘기 시작했다고 밝혔다. 노인들이 일에서 완전히 벗어나는 나이를 72세로 보고 있으며, 고령층의 주택 매도가 생각보다 적을 수밖에 없다고 밝혔다.

한국보다 고령화를 먼저 겪은 일본은 90년대부터 생산가능 인구가 감소세로 돌아섰고, 버블붕괴라는 초유의 사태를 맞았다. 일본 사례를 보면 우리나라 집값도 급격한 내리막길을 걸을 수밖에 없어 보이지만 한국과 일본의 주택시장은 근본적으로 다르다고 한국은행은 분석하고 있다.

첫째, 주택공급 방식의 변화이다. 우리나라는 지금까지 해오던 대규모 택지개발에서 탈피하여 도심 재건축·재개발 위주로 바꿔 물량을 조절하고 있다. 문재인 정부도 신도시개발이나 택지개발방식보다는 도시재생 뉴딜정책을 추진하고 있다. 도시재생에 따른 공급방식을 기존에 살던 곳을 재정비하는 것이라 물량이 제한되어 집값 하락을 막는 효과가 있다는 것이다.

둘째, 한국은 아파트 비중이 월등히 높다. 일본은 단독주택의 비중이 높지만 우리나라는 아파트 비중이 높다. 아파트는 매매 회전율이 높아 환금성이 좋기 때문에 일본처럼 급락할 가능성이 낮다. 개인이 아파트를 많이 소유하고 있는 경우 유동성 위기가 오더라도 손해를 보지 않으려는 개인들의 심리가 작용하여 주택가격이 폭락하지는 않는다는 것이다. 일본의 버블붕괴는 금융위기 등 외부 요인이 컸고, 우연히 생산가능 인구감소 시기가 맞아떨어졌을 뿐이라는 지적이다. 즉, 고령화만으로는 집값 하락 요인이 크지 않다는 것이다.

셋째, 중소형주택 선호와 월세시장 확대가 지속된다. 중소형주택선호와 월세확대는 고령화로 1~2인 가구가 늘고, 50~60대에서 노후 대비용 임대소득을 얻기 위한 주택수요가 증가하고 있기 때문이다. 따라서 인구감소와 고령화로 주택가격이 급락할 것이라는 것은 근거가 없다[17].

대신 1~2인 가구의 증가로 소형주택에 수요가 증가하고, 노후 대비용 임대수익을 얻기 위한 소형주택 선호는 상당기가 이어질 것으로 전망 된다.

---

[17] 우성규, 이은지, 韓銀 "고령화로 인한 일본식 집값 붕괴 없다", 국민일보, 2017.07.27

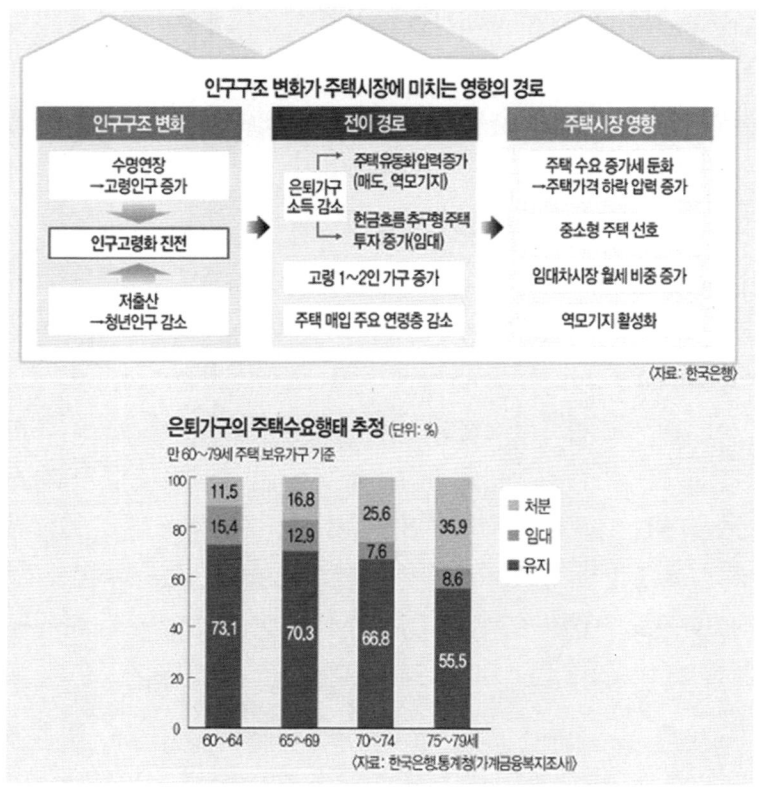

출처 : 우성규, 이은지, 韓銀 "고령화로 인한 일본식 집값 붕괴 없다", 국민일보, 2017.07.27

결론적으로 인구감소와 고령화 등의 영향으로 주택가격이 폭락할 것이라는 주장은 지나친 과잉반응이다.

한국은행과 통계청이 조사에도 알 수 있듯이 우리나라 사람들은 60세 이후에도 집을 보유하는 추세가 여전했다. 70세를 넘겨 연소득이 연간 최소생활비 2300만 원 이하로 떨어져야 비로소 집을 처분하는 비율이 늘기 시작했기 때문에 고령층의 주택 매도 실행이 생각보다 적을 수 밖에 없다. 또한 한국과 일본의 주택시장이 근본적으로 다른데도 일본의 버블붕괴를 한국의 주택시장에 그대로 대입하여 불안을 부추기고 있다.

  우리나라는 대규모 택지개발보다 도심 재건축·재개발 위주로 주택공급 방식을 바꿔 물량을 조절하고 있다. 단독주택이 많은 일본과 달리 한국은 아파트 비중이 월등히 높고, 임대수익을 위한 중소형 아파트 선호가 지속되고 있다는 점도 일본과 다르다.

2
아파트는 공급과잉인가?

　아파트 공급과잉에 대한 논란이 지속되는 가운데 국토연구원이 수급 동향 자료를 발표하였다. 국토연구원은 주택으로 실제 들어서는 준공물량을 공급량으로, 정부의 주택계획을 바탕으로 수요를 산정해 비교했다. 주택건설 인허가를 받고 일정한 공사기간(공동주택 25개월, 단독·다가구 18개월) 뒤 준공될 것으로 예상하는 물량으로 공급량을 계산했다. 인허가를 받고도 실제로 착공에 들어가지 않는 주택이 있기 때문에 인허가 수치의 90%만 적용했다.

　수요는 정부가 2013년 세운 2차 장기주택종합계획을 기준으로 전국적으로 연평균 39만 가구로 잡았다. 이 수요는 일반가구수 증가, 주택멸실, 소득증가 등으로 한해 필요한 주택수이다. 정부는 주택경기 호조나 악화로 늘거나 줄어들 수요 변동 폭을 5만 가구로 보았다.

　결론적으로 연평균 주택수요는 34만~44만 가구로 추정되었다. 국토연구원은 2016~2018년까지 예상 입주물량에서 같은 기간 주택수요를 뺐다. 이렇게 계산해서 초과하거나 부족한 물량을 2015년 기준 재고 주택 수에 대비해 공급과잉이나 부족 정도를 분석했다. 연구원은 2%가 넘게 차이가 나면 공급이나 수요 과다, 1~2% 는 초과, 1% 이내는 균형으로 봤다. 분석에 따르면 서울·부산·인천·광주 등은 균형 상태이고, 대구·울산·경기도는 공급초과, 경북·경남·제주는 공급과다로 나타났다.

지역별로 서울 강남권(강남·서초·송파)은 2013~2015년 연평균 아파트 입주물량은 8000가구였다. 2016~2018년 연평균 입주 물량도 8000여 가구로 공급이 많지 않다.

분석 결과 2019년이 되어도 서울 주택보급률(2015년 96%)은 100%를 밑돌 것으로 예상된다. 일반가구수가 2015년보다 8만 가구가량 늘어난 387만 가구이고, 주택수는 이보다 많은 15만 가구 늘어나지만(378만 가구) 여전히 일반가구수보다 9만 가구 부족한 98% 선이 된다. 이 기간 전국적으로 102.3%에서 110%에 가까워지며 160만 가구가 남는다.

2015년 서울과 함께 100% 밑이었던 경기도(98.7%)는 100%를 상회할 것으로 전망된다. 서울도 입주가 많이 늘지만 입주 못지않게 기존 주택이 멸실되기 때문에 100%를 달성하기 쉽지 않다. 서울에서 2016~2018년 20만 가구 넘게 입주할 것으로 예상되는데 재건축·재개발로 멸실되는 주택이 많다. 한해 전국적으로 8만~9만 가구가 멸실되는데 이중 3분의1에 가까운 2만~3만 가구가 서울에서 멸실되고 있다.

재건축·재개발이 활발하면 그만큼 신규 아파트 공급이 늘어나는 것과 동시에 멸실 주택도 증가하는 것이다. 2013~2014년 연평균 2만 가구 정도이던 멸실 주택이 2015년엔 2만 5,000가구를 넘어섰다. 이 때문에 2015년 이후 서울 재건축·재개발 분양물량이 많은데도 공급효과는 크지 않았다. 2017~2018년 크게 늘어나는 재건축·재개발 분양이 2020년까지 입주로 이어진다. 그러나 2018년 이후 재건축·재개발 분양이 크게 줄어들 수 있다. 2017년 몰리고 있는 재건축 분양은 2018년 부활될 것으로 예상되는 재건축초과이익환수제를 피하기 위해 재건축 단지들이 사업을 서둘러서 나타나는 현상이다. 재개발도 최근 몇 년간 집값 상승세를 타고 사업이 활발해졌다. 2017년 같은 재건축·재개발 분양 소나기가 지나가면 후속 분양이 크게 줄게 되어 재건축·재개발 분양 절벽이 생긴다18).

강남권 아파트 입주물량

구분	2011년	2012년	2013년	2014년	2015년	2016년	2017년	2018년
서울 전체	38,482	26,115	33,607	39,607	22,573	33,566	26,505	34,345
강남권 (강남·서초·송파구)	7,061	3,278	10,815	9,705	6,386	6,263	4,213	14,962

출처 : 안장원, '2019년 서울 주택보급률 98%선에 그쳐…입주 홍수 속 공급부족 여전', 중앙일보, 2017.07.15.

한편, 부동산114 자료에 따르면 2017년 전국 입주물량 37만 8,765가구가 입주할 것으로 전망하고 있다. 2018년에는 역대 최대인 43만 4,399가구가 입주할 것으로 전망되고 있어 역전세난이 우려되고 있다.

---

18) 안장원, '2019년 서울 주택보급률 98%선에 그쳐…입주 홍수 속 공급부족 여전', 중앙일보, 2017.07.15.

과거 입주 최고물량은 1999년 36만 9,542가구였다. 이 수치는 이전 5년(2012~2016년) 연평균 입주량 24단 50가구의 거의 2배 가까운 규모이다. 특히 경기도는 지난 5년 연평균 입주량은 6만 4,743가구였는데, 2017년에는 두 배로, 2018년에는 2.5배까지 치솟는다. 2017~2018년 사이에 5만 4,000가구가 입주하는 화성시, 2만 5,000가구가 입주하는 김포시, 2만 4,000가구가 입주하는 시흥시 등에서는 입주대란의 우려가 전망되고 있다. 2017년 8월에만 전국 58개 단지에서 총 3만 7,537가구가 입주할 예정이다. 이는 지난 2년 전 같은 기간의 평균 입주물량보다 64% 증가한 수치이다. 모 전문가는 화성, 김포, 남양주 등에서 역전세난이 시작됐으며, 6개월 정도 시차를 두고 가격도 동반 하락할 가능성이 크다고 전망하고 있다. 그러나 수도권 전체의 주택보급률이 98%에 머물고 있어 집값이 전세금 아래로 떨어지는 '깡통주택' 사태가 나타날 가능성은 낮다. 특히 일시적 공급과잉에 따른 역전세난은 2년 후 전세갱신 시점이 되면 자연스럽게 시세를 회복할 것으로 보인다.

연도별 입주물량

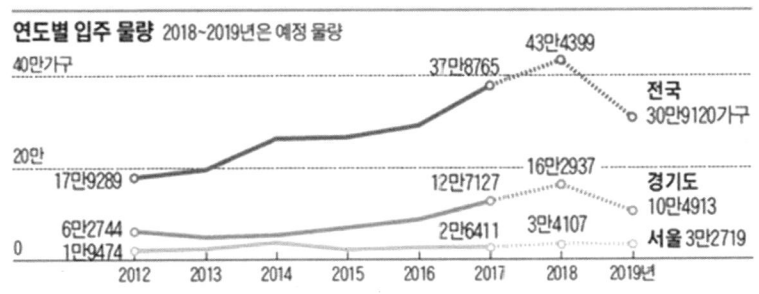

출처 : 부동산114

3
2017년 신도시 주택시장

입주 30년이 다가오면서 건물 노후화 등으로 한동안 관심을 받지 못하고 있던 1기 신도시 아파트 시장이 다시 조명을 맞고 있다. 6·19대책과 8·2대책 이후 서울을 중심으로 규제가 본격화하면서 규제의 사각지대를 찾는 수요가 늘어나고, 주택가격이 저평가되었다는 인식이 퍼지고 있다. 반면 2기 신도시는 입지에 따라 입주 물량이 단기간에 몰려 관망세를 보이고 있다.

부동산114에 따르면 1기 신도시들은 2017년 6월 이후 매주 0.1~0.15%의 상승률을 꾸준히 기록하고 있다. 경기·인천 지역 전체 상승폭이 매주 0.03~0.04%에 그친 것과 비교하면 강한 상승세다. 1기 신도시 중에선 분당신도시가 2017년 6월 한 달 동안 0.81%나 올라 주목을 끌었다.

분당신도시의 전월 대비 집값 상승폭은 5월까지만 해도 매달 0.01~0.1% 안팎에 불과했지만 6월 들어 급상승세가 나타났다. 일산 0.58%, 평촌 0.43%, 산본 0.14%, 중동 0.13% 등 다른 1기 신도시도 2017년 6월 강한 상승세를 기록했다. 상승세는 대부분 중소형 아파트가 이끌고 있다.

분당 정자동 한솔마을5단지 전용면적 74㎡는 시세가 최근 3년 동안 4억 6,000만 원 안팎에 고정돼 있었다. 그러나 5월 말부터 시세가 껑충 뛰어 2017년 7월 16일 기준 4억 9,000만 원을 기록하고 있다. 한 달 만에 7.5%가 뛰었다. 분당 야탑동 매화마을3단지 전용 49㎡도 2017년 초만 해도 가격이 3억 2,000만 원 수준이었지만 5월부터 가격이 오르기 시작해 3억 4,250만 원까지 상승했다. 일산 문촌16단지 전용 67㎡도 같은 기간 매매가가 4억 원에서 4억 3,000만 원까지 상승했다. 이들 지역의 상승세는 전세가율이 높아 갭투자 수요가 많이 몰렸기 때문으로 보인다. 실제로 분당신도시와 일산신도시 등 초기에 지어진 아파트 전세가율은 75~80%에 달한다.

최근 서울 주택가격이 상승하면서 전세금과 매매가격 차이가 벌어지자 저평가된 것으로 인식된 분당신도시로 투자자들이 눈을 돌렸다. 또한 일부 1기 신도시는 최대 약점으로 꼽히던 교통문제가 점차 나아지는 모습이다. 동탄~분당~삼성~일산~파주를 잇는 GTX노선의 동탄~삼성 구간이 3월 착공에 들어갔다.

일산의 경우 4월에 80만㎡ 규모 일산테크노밸리 용지가 대화동 일대로 최종 결정되기도 했다. 반면 최근 몇 년 동안 급등했던 2기 신도시는 상승세가 꺾인 양상이다. 이들 지역은 2017년 6월 들어 집값 상승률이 약보합을 기록하고 있다.

실제로 화성 동탄2신도시의 경우 2016년 말 3.3㎡당 매매가격이 911만 원이었으나, 2017년 7월 882만 원 수준을 보이고 있다. 김포신도시도 2016년 말 3.3㎡당 772만 원에서 2017년 7월 761만 원으로 떨어졌다.

2017년 신도시 주택가격 상승률

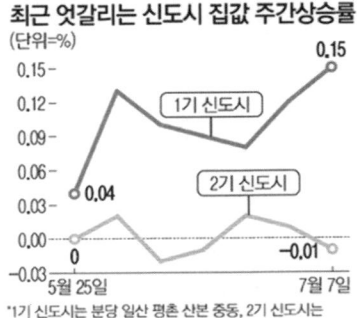
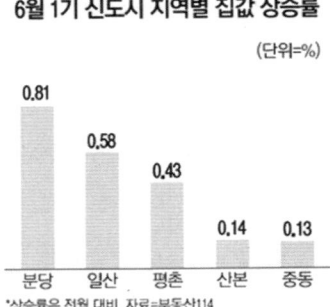

출처 : 손동우, '분당 뜨고, 동탄 지고…신도시 집값 명암', 매일경제, 2017.07.16.

2기 신도시 집값이 약세인 이유는 입주 아파트가 집중되며 공급 과잉에 대한 부담 때문이다. 부동산114 조사에 따르면 2017년 하반기 경기도 지역의 아파트 입주 물량은 총 9만 4,061가구로 2017년 상반기 3만 3,056가구 대비 3배 가까이 증가하였다. 경기도 내에서도 특히 화성시에 입주 물량이 집중된다.

동탄2신도시를 중심으로 2017년 하반기에만 1만 4,887가구가 입주한다. 이는 상반기 8,824가구의 2배 수준이다. 상반기에 입주가 없던 파주시도 하반기에 4,400여 가구가 입주를 한다. 일부 분양단지 중에선 프리미엄이 없거나 분양가 이하로 떨어지는 '마이너스 프리미엄' 매물도 나오고 있다.

동탄2신도시의 한 아파트는 입주가 2017년 말로 임박하면서 중대형 일부는 분양가보다 500~1,500만 원 싼 매물이 나오고 있다. 분양 당시만 해도 웃돈을 기대하고 청약한 투자수요가 많았는데 아파트 입주가 몰리면서 초기에 형성됐던 프리미엄이 하락하고 있다.

한강신도시는 입지 여건이 좋은 곳은 분양권에 웃돈이 붙어 있지만 서울에서 멀고 접근성이 떨어지는 곳은 300~500만 원 안팎의 마이너스 프리미엄이다19).

1기 신도시 중 대표적인 분당신도시는 입주 25년이 지났음에도 불구하고 여전히 인기를 끌고 있다. 반대로 동탄2신도시는 2기 신도시 중에서도 가장 늦게 입주가 이루어지는 신도시임에도 불구하고 분양가격 이하로 매도물량이 나오고 있다.

동탄2신도시가 분양가격 이하로 매물이 나오는 이유는 동탄2신도시 입주시점에 인근 화성, 용인, 평택 등에 공급물량이 한꺼번에 몰렸기 때문이다. 그러나 동탄2신도시는 인접한 동탄1신도시 인구를 합하면 40만 명이상의 거주하는 거대신도시가 되어 분당과 같은 규모로 발전해갈 여지가 충분하다. 따라서 분양가격 이하로 떨어진 매매가격과 전세가격 약세현상은 일시적 공급과잉에 따른 현상이며, 시간이 지나면 시세를 회복해 갈 것이다.

---

19) 손동우, '분당 뜨고, 동탄 지고…신도시 집값 명암', 매일경제, 2017.07.16.

4
신도시는 인근 주택시장에 어떤 영향을 미칠까?

신도시는 인근 주택시장에 어떤 영향력을 미칠까? 2016년 상반기 서울 25개구 가운데 서초구가 유일하게 전세가격이 마이너스 변동률을 기록한 것으로 나타났다. 이는 위례신도시와 하남미사지구 입주 증가로 전세수요가 이탈한 것으로 분석되었다.

부동산114에 따르면 2015년에는 한 곳도 없던 전세가격이 마이너스로 돌아선 수도권 지역이 2016년 상반기 6곳에 달했다. 수도권 전세가격 상승률이 1.60%를 기록한 점을 감안하면 이례적인 하락세이다. 서울에서는 서초구 전세가격 변동률이 -0.25%로 나타났다. 강남구 0.49%와 송파구0.06%, 강동구 0.12%도 상승폭이 둔화됐다. 강남 4구 전체적으로 같은 기간 서울 평균 전세가격 변동률 1.89%보다 낮은 수치를 기록했다.

강남권 전세가격 하락은 수요 이탈이 주요 원인으로 꼽힌다. 특히 위례신도시와 하남미사지구 입주 물량 증가가 큰 영향을 미쳤다. 위례신도시는 상반기 임대 물량을 포함해 6,500여 가구가 입주했다. 2015년 11월부터 8개월 만에 1만 가구가 집들이를 한 셈이다. 서초구는 잠원동 래미안신반포팰리스 843가구 입주까지 맞물려 전세가격 하락이 두드러졌다. 강동구의 전세수요는 하남미사지구로 이동했다. 2016년 4월 미사강변푸르지오 1,188가구 등 상반기에만 2,800여 가구가 입주했기 때문이다. 2015년 강동구에서 하남시로 전입한 인구는 약 9,000여 명에 달했다. 이는 2015년 서울에서 하남시로 전입한 인구 2만 54명의 45.2%를 차지하는 규모이다[20].

신도시 입주로 공급물량이 증가하면 매매가격과 전세가격에 영향을 준다. 2015년에는 한 곳도 없던 전세가격이 마이너스로 돌아선 수도권 지역이 2016년 상반기 6곳에 달한 것은 위례신도시 6,500여 가구와 하남미사지구 2,800여 가구 입주가 영향을 미친 것으로 보인다. 위례신도시와 하남미사지구 입주가 인근 강동, 송파, 서초, 강남지역 주택시장에 영향을 미친 것을 알 수 있다.

한편, 신도시 입주로 인근 주택시장이 단기적으로 공급과잉 현상이 벌어지기도 한다. 동탄2신도시가 조성되고 있는 화성시, 한강신도시가 들어선 김포시가 대표적이다. 2016년 2월 닥터아파트가 2016~2017년 수도권에 공급 과잉이 우려되는 지역을 아파트 입주 물량과 주민등록 세대수를 비교 분석한 결과, 수도권 세대수 대비 연평균 입주 물량은 1.6%로 조사됐다. 세대수 100가구 당 연간 입주예정 아파트가 1.6가구라는 의미다. 서울은 0.6%로 평균을 크게 밑돌았다. 특히 재개발·재건축으로 인해 2016~2018년 서울 멸실 주택은 10만여 가구에 달할 것으로 보여 공급과잉을 걱정할 필요가 없었다. 인천도 1.2%로 2017년까지는 공급과잉 우

---

20) 정찬수, '신도시의 힘…강남4구·인근 전셋값 끌어내렸다', 헤럴드경제, 2016.07.07

려가 없는 것으로 조사됐다. 반면 경기지역은 2.1%로 수도권 평균을 웃돌았다. 곳곳에 신도시가 조성되면서 대규모 입주가 예정돼 있어서다. 지역별로는 미사지구 입주가 예정된 하남이 16.1%로 세대수 대비 입주 물량이 가장 많았다. 이어 동탄2신도시 입주 물량이 몰린 화성 7.1%로 2위, 한강신도시의 김포 5.8%가 3위를 차지했다. 이들 지역은 외부적 요인의 주택수요가 없다면 공급과잉 가능성이 있어 주의해야 할 지역으로 꼽히고 있다.

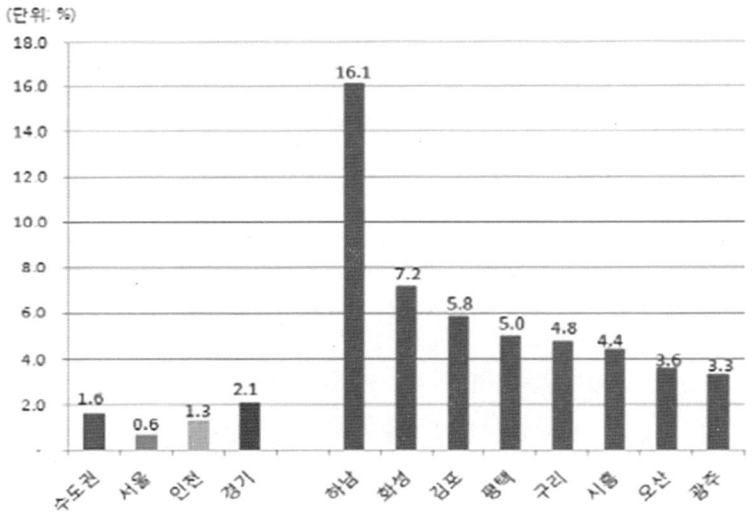

출처 : 이승현, '신도시 3총사' 하남 화서 김포 공급과잉 우려, 이데일리 2016.2.14

닥터아파트가 2016년 2월 수도권 거주 회원 576명을 대상으로 한 설문조사에서는 응답자의 49.6%가 2018년 공급과잉 우려 지역으로 파주를 꼽았다. 2015년 말 힐스테이트 운정아파트와 운정신도시 센트럴 푸르지오 아파트 등에서 대규모 미분양 사태가 발생했기 때문으로 풀이된다. 또한 e편한세상 용인 한숲시티가 대량 미분양된 용인 45.2%로 2위, 2015년 11월부터 남동탄에서 미분양이 발생한 화성 29.6%로 3위를 차지했다. 이어 인천 29.1%, 평택 26.5%로 2018년에 공급 과잉이 우려된다고 응답했다[21].

　부동산 시장은 수요와 공급 원리에 따라 움직인다. 특정지역에 일시적으로 공급이 몰리면 과잉현상이 생길 수밖에 없다. 2016~2017년을 전후하여 일시적으로 공급이 몰린 대표적인 곳이 화성, 하남, 김포, 평택, 인천 지역으로 알려 지고 있다. 그 중 화성 동탄2신도시, 평택 고덕신도시, 김포 한강신도시는 대규모 공급이 일시적으로 몰리기 때문에 분양가격 이하의 매물이 나오거나 미분양이 생길 수 있다.

---

21) 이승현, '신도시 3총사' 하남·화성·김포 공급과잉 우려', 이데일리, 2016.02.14

5
신규택지 공급 중단으로 신도시 희소가치 증가

　정부는 2014년 9·1대책을 통해 신도시 개발의 근간이었던 「택지개발촉진법」을 폐지하였다. 2017년까지 한국토지주택공사 주도의 대규모 공공택지 지정이 중단되었다. 이에 따라 신도시 및 택지지구 아파트의 희소성이 높아질 것으로 예상되었다.

　실제로 기존 신도시 택지공급에 국내 건설사들이 뛰어들어 수십 수백 대 1의 경쟁률을 보였다. 신도시 내 신규분양도 높은 청약열기와 함께 수천만 원의 프리미엄이 형성된 상태이다. 특히, 판교와 광교 등으로 대표되는 2기 신도시는 높은 프리미엄이 형성되어 있다. 2기 신도시 중 입지가 좋은 곳은 교통과 생활인프라 개선으로 수요자들이 몰리며 분양가격 대비 수천만 원의 웃돈이 붙어 있다.

　서울로의 접근성이 뛰어난 수도권 신도시 및 택지지구 아파트가 강세를 보이고 있다. 이들 지역은 서울로의 접근성이 좋기 때문에 서울지역 전세 거주자들이 내 집 마련 차원에서 선호한다. 특히 지하철 노선 신설 및 연장, 도로망의 개통 등으로 강남 접근성이 개선된 지역들을 중심으로 집값이 큰 폭의 오름세를 나타내고 있다. 2015년 7월 기준 수원 광교신도시 아파트 매매가격은 6,000만 원이나 올랐다.

광교신도시는 지난 2년간 아파트 매매가격이 18.86%나 상승했다. 이는 경기도 평균 상승률 6.29%의 3배 수준이다. 광교신도시는 2016년 2월 분당 정자에서 서울 강남역으로 연장되는 신분당선 역세권 수혜지역이다. 이 지역 아파트 매매가 상승은 신분당선 연장 개통이 임박했기 때문이라는 것이 부동산업계의 평가다. 서울에 비해 상대적으로 지하철이 부족한 경기도에서는 신설 도로 인근에 위치한 아파트의 선호도가 아주 높다. 서울지역 전세가격이 치솟자 상대적으로 집값이 저렴한 경기권으로 주택을 구입해 떠나려는 전세 거주자들을 중심으로 탈 서울 현상이 심화되고 있다[22].

「택지개발촉진법」 폐지로 정부 주도의 대규모 공공택지개발이 중단되면서 신도시와 택지지구 아파트의 희소성은 높아질 것이다. 특히 문재인 정부는 도시재생정책에 따라 주택공급을 확대할 것으로 보이기 때문에 당분간 신도시와 택지개발은 줄어들 것으로 예상된다. 문제는 아직까지 주택이 부족한 수도권 주택시장을 도시재생만으로 충족시킬 수 있을지 여부이다. 필요한 공급량이 필요한 시기에 충분히 공급되지 못하면 몇 년 후 전월세대란과 매매가격 급등을 불러올 수 있다.

문재인 정부 5년간 신도시와 택지개발이 중단된다면 5년 후에는 공급부족으로 가격이 급등할 여지를 안고 있다. 그렇게 되면 신도시 주택은 희소성의 원리에 따라 오히려 가격이 상승할 수 있다. 문재인 정부의 도시재생정책은 시장을 안정시킬 수도 있지만 공급부족으로 가격이 급등할 수도 있는 양날의 칼이 될 수 있다.

---

22) 배민욱, '수도권 신도시·택지지구 아파트 강세', 뉴시스, 2015.07.26

6
정책규제가 신도시와 부동산시장에 미치는 영향

　부동산 정책은 의도와는 다른 결과를 가져올 수 있다. 대표적인 것이 풍선효과이다. 풍선효과란 한 쪽을 누르면 다른 쪽이 풍선처럼 부풀어 오르는 현상을 말한다. 부동산에서 풍선효과란 어떤 정책이나 제도의 시행이 다른 쪽에서 풍선처럼 나타나는 현상을 말한다. 전문가들은 지난 8·2대책의 가장 큰 문제점의 하나로 풍선효과를 지적했는데, 풍선효과가 신도시에도 영향을 미치고 있다.

　첫째, 수도권 1기 신도시 쪽으로 풍선효과가 나타나고 있다. 8·2 부동산 대책으로 주택담보대출 한도가 줄어드는 등 거래 요건이 까다로워지면서 서울과 인접한 분당, 평촌 등 수도권 1기 신도시로 투자자들이 눈을 돌리면서 풍선효과가 나타나고 있다. 부동산114에 따르면 8·2 대책 여파가 시장에 본격적으로 반영되기 시작한 8월 셋째 주 분당·일산·평촌·중동·산본 든 수도권 1기 신도시 주택가격은 한 주간 0.09% 올랐다. 같은 기간 광교 등 수도권 2기 신도시 0.03%와 서울의 주택가격 상승률 0.03%을 세 배 웃도는 수준이다. 평촌도 일주일 사이 주택가격이 0.07% 올랐는데, 매매가격이 높지 않아 전세를 끼면 1억 원 안팎으로 주택을 살 수 있는 지역에서 재건축 연한이 다가오는 소형 아파트를 중심으로 수요가 꾸준히 몰리고 있다. 비산동 샛별한양 6차 전용 49㎡형은 지난달 2억 9,500만 원에 거래되었는데 호가가 3억 2,000만 원까지 올랐다.

둘째, 서울전역이 투기과열지구로 묶이고, 서울 일부지역이 투기지역으로 묶이면서 경기도 지역으로 풍선효과가 나타나고 있다. 경기도 남양주시 다산지구는 서울과 인접한 입지로 수도권 전세민을 흡수할 수 있다는 장점으로 분양시장에서 흥행을 이어가고 있다. 지금까지 분양한 17개 단지 모두 100% 1순위 마감 행진을 기록했다. 웃돈도 가파르게 오르며 12월 입주를 앞둔 한양수자인 1차 분양권 호가는 약 1억 원이다. 한양수자인 1차 전용면적 84㎡ 전세는 최대 3억 5,000만 원까지 매물로 나오고 있다.

경기도와 인천 분양시장에 대한 관심도 뜨겁다. 서울의 규제를 피해 실수요자들이 경기도로 눈길을 돌리고 있기 때문이다. 공급과잉으로 미분양 우려를 낳은 경기권 신규 분양단지가 오히려 기회를 맞았다는 분석이다. SRT, GTX 등 광역교통망 개선으로 서울로의 접근성이 대폭 개선되는 평택, 김포, 인천 등지가 관심을 모은다. 이들 지역은 공공기관과 대기업 공장 이전 등으로 배후수요도 뒷받침되는 곳이다.

셋째, 실수요자들의 내 집 마련이 어려워지면서 전세대란의 조짐도 보이고 있다. 부동산114에 따르면 2017년 서울에서 재건축과 재개발로 이주해야 하는 수요는 5만 가구에 달하는 것으로 추산된다. 대규모 단지의 재건축이 진행되고 있는 강남 4구에 전체 이주 물량의 40%가 넘는 2만여 가구가 몰려 있다. 6,000가구에 육박하는 강동구 둔촌주공아파트 5,930가구를 비롯해 개포주공1단지 5,040가구, 개포주공4단지 2,840가구가 이주 대상이다. 둔촌주공아파트가 지난달부터 이주를 시작했는데, 이 때문에 강동구 전세가가 최근 두 달 사이 6.61% 상승하는 등 벌써 들썩이고 있다. 둔촌주공아파트 인근 고덕래미안힐스테이트 전용 84㎡ 전셋값은 두 달 전 5억 7,000만 원에서 최근 6억 3,500만 원으로 6,500만 원이 올랐다. 강동롯데캐슬퍼스트 전용 84㎡의 전셋값도 5월 말 5억 3,000만 원에서 최근 5억 8,000만 원으로 5,000만 원이 뛰었다. 강북에서는 서대문구의 재건축·재개발 사업이 5,440가구로 가장 많고, 동대문구 4,552가구, 성북구 4,151가구, 은평구 2,920가구, 양천구 2,064가구, 동작구 2,003가구 순으로 재건축·재개발에 따른 이주가 많아지면서 전세대란과 연결될 것으로 우려되고 있다.

 넷째, 서울의 주택 대출규제가 강화되자 금융부담이 적은 저평가 아파트로 관심이 옮겨가는 모습이다. 특히 실수요자의 경우 6억 원 이하 주택에 대해서는 대출규제가 일부 완화돼 조건에 맞는 매물 찾기에 분주하다. 국토교통부 실거래가 자료에 따르면 대책 이후 이달 계약이 이뤄진 아파트 거래 중 6억 원 이하 중저가 아파트의 거래 비중은 전체의 67%로 전월 62%보다 5%포인트 가량 늘었다. 자치구별로는 성북구가 72건으로 가장 많았고, 노원구 62건, 서대문구 47건, 구로구 43건, 강서구 35건 순 이었다. 서대문구 대현동 럭키대현 아파트의 경우 전용면적 84㎡ 주택형이 이달 초 5억 4,800만 원에 거래된 뒤 수요가 계속 몰리자 한 달도 안되어 호가가 6억 원까지 뛰었다. 성북구 길음동 래미안길음1차 아파트도 전용 84㎡ 주택형이 이달 5억 3,000만 원에 팔린 뒤 호가가 최대 5,000만 원 올랐다. 전문가들은 서울의 경우 주택 공급이 많지 않은 데다 가을 이사철도 시작되는 만큼 저평가된 중저가 아파트의 인기는 앞으로도 계속될 것으로 보고 있다.

다섯째, 경매시장에도 영향을 미친다. 지지옥션에 따르면 8.2대책 발표 날 이후 3주간 서울 아파트 경매시장에서 낙찰가율은 92.8%로 집계됐다. 이는 올해 들어 최저 수준으로, 직전인 7월 낙찰가율 99%에 비해 6.3%포인트나 떨어졌다. 낙찰가율 감소와 함께 경쟁률을 나타내는 '응찰자수' 역시 동반 하락했다. 경매 한건당 평균 응찰자수는 6.9명으로 이 역시 올해 들어 가장 낮다. 7월 12.6명에 비해 절반 가까이 줄어들었고, 2015년 12월 6.2명 기록 이후 최저 수준이다. 아파트뿐 아니라 연립·다세대주택 경매도 대책 여파가 상당하다. 같은 기간 낙찰가율은 84.6%로 직전 7월 91.2%에서 6.3%포인트 떨어졌다. 평균 응찰자수는 2.9명으로, 전월 4.4명보다 더욱 줄어들었다.

여섯째, 토지시장에도 영향을 미친다. 상승세가 꺾인 아파트 경매시장과 달리 전국의 토지시장은 여전히 꾸준한 상승세를 이어가고 있다. 올해 1분기 낙찰가율이 60%대에 시작해, 2분기 들어 70%에 진입했고, 3분기에는 80%대까지 치솟았다. 특히 지난달 80.9%를 기록하며 2008년 10월 83.2% 이후 8년 9개월 만에 최고치를 찍었다. 그동안 주거시설 경매는 집값이 오를 것이라는 기대감에 무리하게 경매에 뛰어들어 낙찰가율, 응찰자 상승세 피로감이 상당했다. 토지와 주택시장은 대체 관계가 아니지만 상대적으로 정부의 부동산 대책이 주택에 집중돼있는 만큼 저가매수 등이 가능한 토지에 투자수요가 몰릴 여지가 있다.

7

미래의 신도시 문제

　10~20년 후 우리나라 신도시들은 일본의 신도시들이 겪었던 고령화, 건물 및 시설 노후화, 젊은 세대의 도심회귀 문제를 겪을 것이다.

　첫째 고령화 문제가 심각해 질 것이다. 우리나라는 2018년에 고령화율 14%에 이를 것으로 전망되고 있다. 일본이 경우 고령화율 7%에서 14%까지 가는데 24년 걸렸지만 한국은 18년 걸렸다. 프랑스는 114년, 스웨덴은 82년, 미국은 69년이 걸린 것을 감안할 때 우리나라의 고령화 속도가 세계 최고이다. 그러나 입주 50년을 넘어선 일본과 입주 25년을 넘어선 한국의 신도시를 단순 비교하는 것은 문제가 있다. 즉, 신도시 건설의 시차를 고려한 비교가 되어야 한다.

　2013년 11월 국토연구원 보고서에 의하면 2010년 기준 우리나라 1기 신도시의 고령화 비율의 평균값 7.6%은 전국 평균 11.3%와 수도권 9.2%보다 훨씬 낮았다. 특히 분당의 경우 10~19세, 20~29세 인구 비중이 전반적인 저출산 분위기에도 불구하고 다른 지역보다 상대적으로 높은 각각 14~15%대, 13%대를 꾸준히 유지하고 있다. 분당, 일산, 평촌, 산본, 중동 등 우리나라 1기 신도시는 입주 25년이 지나면서 주택과 기반시설이 노후화하고 있는 것이 사실이다. 그러나 입주 50년을 넘긴 일본의 신도시들과는 인구구조, 입지, 건물노후화 등에 차이가 있다. 흔히 우리나라 1기 신도시의 미래를 일본 수도권 다마뉴타운의 암울한 현실과 비교하는 것은 시차를 고려하지 않은 지나친 비약이다.

1971년 입주를 시작한 다마뉴타운은 젊은이들이 직장과 아이들의 학교를 찾아 30㎞ 정도 떨어진 도쿄로 떠나면서 심각한 도시공동화 문제를 안고 있다. 다마뉴타운을 고령화로 초등학교 300곳 중 절반이 폐교하고 노인시설로 사용 중이며, 은퇴노인만 남은 정지된 도시가 되고 있다. 그러나 우리나라 1기 신도시는 젊은 세대가 꾸준히 유입되고 있고, 이들의 자녀가 신도시 학교를 메우고 있다. 젊은 세대가 1기 신도시를 찾는 이유는 서울보다 주거비용이 싸고, 교육과 주거환경은 뛰어나기 때문이다.

1기 신도시 주민 중 서울로 출퇴근하는 비율은 감소하면서 점차 자족도시의 모습을 갖추어 가고 있다. 일산신도시의 경우 1995년 전체 주민의 60%가 서울로 출퇴근을 했지만 2010년엔 30% 수준으로 떨어졌다[23]. 입주 50년을 넘어선 일본의 신도시와 입주 25년을 넘어선 우리나라 1기 신도시를 단순 비교하는 것은 무리가 있다. 지금 일본의 신도시 문제는 향후 10~20년 후의 우리나라 신도시문제는 될지언정 동일하다고 보면 안 된다.

향후 10~20년 후에는 우리나라 1기 신도시들도 일본의 신도시가 겪고 입주민의 고령화문제와 젊은 층의 도심회귀 현상이 현실화될 것으로 예상되지만 아직은 아니라는 점이다.

---

23) 고찬유, 김민호, '노후한 1기 신도시 아이들이 살린다', 한국일보. 2013.11.11

1기 신도시와 일본 다마뉴타운의 65세 이상 인구비율

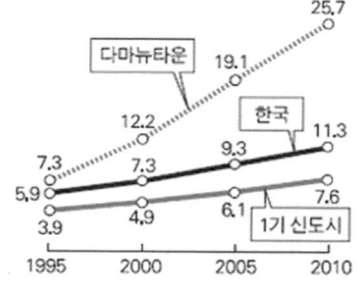
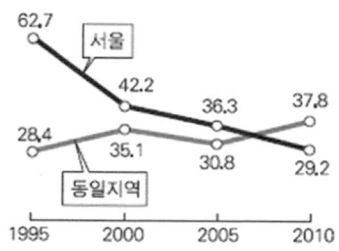

자료 : 국토연구원
출처 : 고찬유, 김민호, '노후한 1기 신도시 아이들이 살린다', 한국일보. 2013.11.11

　지금부터라도 고령화문제와 젊은 층의 도심회귀를 막을 수 있는 대비책을 강구하면 일본 신도시가 겪었던 상황을 반복하지는 않을 것이다.

　둘째, 건축물 및 시설의 노후화 문제에 직면하게 될 것이다. 10~20년 후에는 건축된 지 30~40년이 되어 아파트 등 건축물이 낡아 재건축 논란이 심화 될 것이다. 1990년대 초부터 입주를 시작한 1기 수도권 신도시들은 2025년을 전후하여 재건축사업을 추진하게 될 것이다.

　향후 5년 후부터 재건축사업에 관심을 가지기 시작하면서 10~20년 후에는 대부분의 1기 신도시들이 관심을 가지게 될 것이다. 건축물뿐만 아니라 도로, 전철, 상하수도, 배관 등 시설물도 노후화로 인해 재보수를 해야 하는 시점에 직면하게 될 것이다. 결국 재건축사업을 하면서 노후화된 도시기반사업도 동시에 교체가 이루어지게 될 것이다.

그러나 2005년 이후 입주가 본격화 되었고, 지금도 입주가 진행 중인 2기 신도시와는 거리가 먼 이야기이다.

셋째, 일자리가 없는 자족성 부족문제가 심각해 질 것이다. 지금까지 생활을 지탱해온 가장들이 은퇴하게 되면서 그 자녀들은 일자리를 찾아 다른 도시로 옮겨 감으로서 노인도시가 될 것이다. 분당신도시를 건설할 때 도시의 기능 및 성격을 40만 명 수용에 필요한 업무·서비스 기능 수행과 미래 지향적인 정보산업 기능부여 및 생활시설 첨단화라는 자족도시건설을 목표로 세웠지만 베드타운에 불과했다. 일산신도시의 경우에도 평화와 통일을 상징하는 배후도시로 개발 하여 평화통일, 국제업무, 문화·예술기능을 갖춘 자족도시 건설을 목표로 세웠지만 베드타운에 불과 했다.

결국 우리나라 수도권 신도시들의 가장 취약점이 자족성 없는 베드타운으로 건설된 것인데 이는 향후 고령화와 함께 심각한 신도시 문제가 될 것이다. 이 문제를 보완하기 위해서는 신도시와 신도시 주변에 첨단벤처단지 또는 연구단지 등 자족성을 갖출 수 있도록 규제를 완화해 주는 방법 밖에 없다. 일본보다 한국이 더 걱정되는 이유는 고령화나 인구감소 속도가 훨씬 빠르기 때문이다. 일본 신도시가 10~40년에 걸쳐 조성된 데 비해 한국 1기 신도시는 5~7년 만에 개발이 끝났기 때문에 짧은 기간에 입주했다는 점에서 고령화로 인한 파장이 더욱 심각할 것이다. 이에 대한 대책으로는 일자리를 창출할 수 있는 업무기능을 대폭 보강해 젊은 층을 끌어들여 한다.

넷째, 일본은 신도시를 포함한 구도심을 도시재생사업으로 전환하였다. 일본의 경우 1960~80년대에 걸쳐 신도시가 많이 건설되었으나, 도시외곽에 건설된 신도시 주민의 고령화와 시설노후화 등으로 더 이상 신도시 건설을 하지 않고 있다. 신도시를 포함한 구도심을 도시재생사업으로 전환하였다.

일본의 대표적인 도시재생사업으로는 오다이바개발, 미나토미라이21개발, 록봉기개발, 에비스가든개발, 미드타운개발 등이 있다. 일본은 구도심 도시재생사업 뿐만 아니라 신도시들도 도시재생사업을 진행하고 있다. 일본의 대표적 천리신도시는 2007년에 '천리뉴타운재생지침'을 책정하고, 2012년에는 입주 50주년 기념행사를 개최하고, 도시재생을 통해 해결방안을 모색하고 있다.

노후화된 단지의 재건축과 커뮤니티시설과 생활지원시설이 쇠퇴한 상업지역의 빈 점포에 입주하여 새로운 역할을 하고 있다. 그 결과 공동주택의 재건축이 진행되는 지역에서는 인구와 어린아이가 조금씩 증가하고, 젊은 가족의 모습도 보이고 있다.

향후 예상되는 우리나라 신도시 문제

문제점	한국	일본
고령화	• 고령화 단기진행으로 신도시문제 심화 - 고령화율 7→14% 걸린 시간 한국 18년	• 고령화율 7→14% 걸린 시간 일본 24년
건축물과 시설물 노후화	• 한국 5~7년 사이 단기간 신도시 건설로 노후도 집중심화	• 일본 10~40년간에 걸쳐 신도시 건설
자족성과 일자리 부족으로 젊은 층 도심회귀	• 대부분 베드타운 신도시로 자족성과 일자리 부족	• 자족성과 일자리 부족으로 도심회귀
도시재생으로 정책패러다임 전환	• 문재인 정부 도시재생으로 패러다임 전환	• 일본 1980년대부터 도시재생 추진

향후 10~20년 후에는 우리나라 1기 신도시들도 노후화와 고령화에 직면하면서 도시재생사업을 통해 해결방안을 찾으려고 노력할 것이다.

입주 50년을 넘어서 일본의 신도시와 입즈 25년을 넘어선 우리나라 신도시의 상황을 같은 관점에서 비교하는 것은 무리이다. 일부 전문가들은 현재 일본 신도시의 문제들이 바로 우리나라 신도시에서 일어날 것처럼 불안감을 조장하는 경우도 있다.

1기 신도시들은 1990년대 입주가 시작되어 이제 겨우 정착단계에 들어갔으며, 입주민들의 고령화 현상도 나타나지 않고 있다. 또한 건물의 노후화 문제도 심각한 수준이 아니다. 그리고 2기 신도시는 2005년부터 입주가 시작되어 이제 겨우 10년을 넘겼으며, 아직 건설 중인 신도시도 많다.

우리나라 신도시와 일본의 신도시는 25~30년의 시차가 존재하기 때문에 일본처럼 심각한 상황은 아니다. 물론 향후 10~20년 후에는 우리나라 신도시들도 입주민들의 고령화와 건물노후화 및 젊은이들의 도심회귀현상이 나타날 것이다. 일본의 문제점을 보완할 수 있는 충분한 시간이 있기 때문에 지금부터 대비책을 찾아 문제를 해결해 가면 될 것이다.

우리나라 신도시가 가진 가장 취약점인 자족성 문제를 보완하여 일자리를 많이 만들어 주면 입주민들의 고령화 문제와 젊은이들이 신도시를 떠나는 문제는 자연적으로 해결될 것이다. 또한 일자리가 많아지고 신도시가 활력을 유지하게 되면 건물과 시설물의 재건축 또는 교체가 이루어지면서 일본같이 시설물의 급속한 노후화로 이어지지는 않을 것이다.

한편, 일본의 젊은이들이 신도시를 떠나 도심으로 회귀하는 이유는 일자리 뿐만 아니라 싼 주거비도 하나의 원인으로 지적되고 있다. 일본은 1990년대 버블붕괴 이후 도심공동화 현상을 해결하기 위해 도심으로 젊은이들을 불러들이기 위해 세금감면과 임대료를 지원하는 등 다양한 정책을 펴고 있다. 또한 버블붕괴 이후 도심 주거비가 저렴해진 것도 도심회귀를 촉진시켰다. 따라서 일본처럼 우리나라 신도시에서 젊은이들이 떠나가기 위해서는 신도시 주거비보다 도심주거비가 저렴해 져야한다는 전제가 있어야 한다. 그렇지 않으면 젊은이들이 주거비가 싼 신도시에서 살면서 일자리가 있는 도심으로 출퇴근하는 현상은 계속될 것이다.

결론적으로 젊은이들이 신도시를 떠나는 이유는 일자리와 싼 주거비 때문이며, 이 두 가지 조건이 맞지 않으면 신도시를 떠나 도심으로 회귀하는 일은 없을 것이다. 서울에 일자리가 많더라도 주거비가 비싸다면 서울로 출퇴근하면서 주거비가 싼 신도시에 거주하는 현상이 지속될 것이다.

참고문헌

고찬유, 김민호, '노후한 1기 신도시 아이들이 살린다', 한국일보, 2013.11.11

강세훈, '고령화' 맞물린 日부동산 붕괴…정말 '남의 일'일까, 뉴시스, 2017.07.30.

김수현, 이상빈, '소나기 공급에 오피스텔 시세·수익률 '곤두박질'… 2~3년 후 폭탄 터질수도', 조선비즈, 2017.07.28.

배민욱, '수도권 신도시·택지지구 아파트 강세', 뉴시스, 2015.07.26

손동우, '분당 뜨고, 동탄 지고…신도시 집값 명암', 매일경제, 2017.07.16.

우성규, 이은지, 韓銀 "고령화로 인한 일본식 집값 붕괴 없다", 국민일보, 2017.07.27

원다연, '서울 집값 누르니…분당·평촌이 '꿈틀'', 이데일리, 2017.08.24.

안장원, '2019년 서울 주택보급률 98%선에 그쳐…입주 홍수 속 공급 부족 여전', 중앙일보, 2017.07.15.

이승현, '신도시 3총사 하남·화성·김포 공급과잉 우려', 이데일리,

2016.02.14

이재유, '광역교통망・역스프롤이 수도권 신도시 집값 바꿨다', 서울경제, 2016.05.02

임현영, '신도시가 답이다…유통업계 新출점방정식 살펴보니', 이데일리, 임현영 2015.10.13

정임수, '日 신도시 쇠락을 통해본 한국 신도시의 미래', 동아일보, 2010.05.11.

네이버, 21세기 변화 연구 저널포탈

정찬수, '신도시의 힘…강남4구・인근 전셋값 끌어내렸다', 헤럴드경제, 2016.07.07

최현일, '8・2 부동산대책, 시급히 보완할 점', 브릿지경제, 2017.08.11

최현일, '부동산투기 잡기 쉽지 않은 이유', 브릿지경제, 2017.10.16

조선닷컴, '수도권 집값 더 오른다' 내 집 마련 계획 있다면 검증된 신도시가 제격', 조선일보 2015.07.24

[수도권 신도시 점검] ❶ 분당신도시…리모델링법 수혜 가장 커 싱글벙글, 매경이코노미 2012.01.11

[수도권 신도시 점검] ❷ 일산신도시…제2자유로・GTX로 집값 상승 기대, 매일경제 2012.01.18

[수도권 신도시 점검] ❸ 평촌신도시…학군 좋고 중산층 실수요 탄탄, 매일경제 2012.02.06

[수도권 신도시 점검] ❹ 산본신도시…거주환경 뛰어나고 젊은 층 많아 활기, 매일경제 경제 2012.02.13

[수도권 신도시 점검] ❺ 중동신도시…10월 개통 7호선 연장 호재, 매일경제 경제 2012.02.27.

다마뉴타운 홈페이지

천리뉴타운 홈페이지

국토부 홈페이지

LH공사 홈페이지

서울시 홈페이지

인천시 홈페이지

경기도 홈페이지

국토연구원